KB068454

네옴시티

RHK
RH Korea

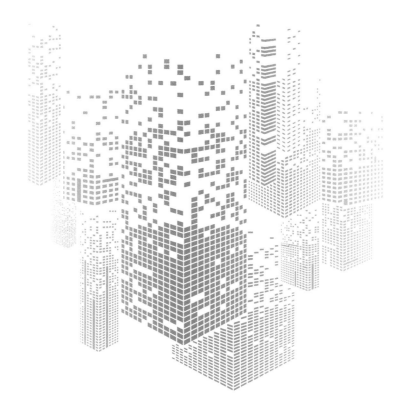

유태영 지음

네옴시티

제2의 중동붐인가, 700조 원의 신기루인가

지난 2022년 초, 몸을 담고 있던 크레센트컨설팅그룹을 통해 흥미로운 프로젝트를 수행한 적이 있었다. 잘 알려진 중견 건설사 한 곳에서 네옴시티의 실현 가능성에 대한 문의가 들어왔고, 이에 대한 답을 3주 내로 내야 했다. 당시 나를 포함한 팀이 낸 결론은 다음과 같다.

"네옴시티가 현재 밝혀진 원안대로 그대로 수행되리라고 생각하는 건 어리석다. 그러나 단지 그 이유로 네옴시티에 참여할 기회조차 거절하는 건 더 어리석다."

이어 네옴시티와 관련한 국내 시장 분위기는 빠르게 끓어오르기 시작했다. 우선 2022년 11월, '네옴시티의 아버지' 빈 살만 왕세자가 국내를 방문해 기업 총수들을 면담하였다. 더 나아가 한미글로벌이 단순한 MOU를 넘어 실제로 네옴시티 관련 프로젝트를 복수로 수주하며 시장이 들썩이기 시작했다. 여기까지는 좋았지만, 문제는 네옴시티와 별다른 관련도 없는 기업들이 사우디를 방문해 실체 없는 MOU를 체결하고 기업 가치 부양 수단으로 삼는 바람에, 많은 주주들이 휘둘렸다는 점이었다.

벌써 네옴시티 프로젝트가 발표된 지 5년이 지났음에도 불구하고 관련된 별다른 레퍼런스가 국내에서 발간되지 않았다는 사실도 이런 현상의 주된 원인 중 하나였다. 믿고 읽을 만한 자료가 없다 보니 풍문과 지라시에 휘둘릴 수밖에 없는 상황이었다. 이에 과거에 수행했던 프로젝트 자료를 다시 확인하고, 여기에 뼈와 살을 붙여가는 방식으로 이번 저서를 집필하게 됐다.

저술하는 과정에서는 국내 · 해외를 불문하고 네옴시티, 더 나아가 사우디아라비아에 대한 신뢰할 만한 문헌이 양적이나 질적으로 크게 부족하다는 점에 여러 차례 곤혹을 겪기도 했다. 다만 네옴시티에 주목하는 시각이 워낙 많은 만큼 시간이 지나면 해결되리라는 생각이 든다. 사우디아라비아 정부도 네옴시티에 대해서 홍보에 열을 쏟고 있는 만큼, 계속 업데이트 되는 인사이트와 자료는 향후 개정판을 만들게 되면 증보할 계획이다.

사족을 붙이자면 이번 책 발간을 앞두고 아내와 흥미로운 내기를 한 바 있다. 책의 원고 마감이 6월, 둘째 아이의 출산 예정도 6월로 잡힌 상황에서 누가 더 먼저 생산(?)하는지를 놓고 말이다. 결론만 말하면 집사람은 일정을 지켰고, 아쉽게도 원고 마감은 7월에 이뤄졌다.

원안대로라면 네옴시티는 2029년~2030년 사이 완공된다. 이쯤이면 내 첫째는 초등학생, 둘째는 유치원생이다. 완공을 기념하는 의미에서 사우디 정부는 네옴시티 내 트로제나 관광단지에서 2029년 동계 아시안게임을 개최할 계획이다. 사막의 땅으로 알려진 아라비아반도서 열리는 동계 아시안게임이라니! 벌써부터 설레는 마음이다. 과연 두 아이의 손을 잡고 아시안게임 관중석에서 완공된 네옴시티의 전경을 돌아볼 날이 올까?

본문에도 한차례 나오지만 아랍인들이 회화에서 가장 많이 쓰는 단어는 '인샬라'다. 이는 신의 뜻대로 이루어지길이라는 의미를 담은 긍정어로, 영어의 Okay와 유사하지만 보다 폭넓게 활용된다. 2030년경 네옴시티의 완공을 볼 수 있을까? 인샬라. 네옴시티는 한국 기업들에게 큰 기회가 될까? 인샬라. 2029년 동계 아시안게임은 성료될까? 인샬라, 그리고 또 인샬라.

마지막으로 이 책을 읽는 독자분들도 모두 조금이라도 지식과 인사이트를 얻어가시길. 인샬라!

2023년 7월
유태양

목 차

서론

베일에 싸인
거대도시 네옴

암모니아 플랜트 엔지니어인 영국인 에드워드는 2032년 7월 22일 아침 7시, 네옴시티 외곽 관광단지 '트로제나'에 위치한 6성급 리조트 블랙펄 리조트에서 눈을 뜬다. 그의 기호를 완벽하게 분석한 로봇이 자동으로 내려 준 커피를 한 모금 마시자 오늘 9시 30분, 기업 중역들 앞에서 중요한 프로젝트 PT가 있다는 사실을 깨닫는다. 그가 근무하는 미국-사우디 합작 기술컨설팅 회사 Sean & Parker는 '옥사곤'의 정중앙에 위치해 있고, 블랙펄 리조트까지는 수십 킬로미터 떨어져 있다.

하지만 에드워드는 느긋하다. 베란다에서 쌓인 눈을 얼굴에 비벼 잠

트로제나 관광단지 예상 조감도.[1]

을 깨우고, 샤워 후 옷을 입고서 호텔 옥상으로 올라간다. 그곳에는 미리 에드워드가 불러 놓은 2인승 무인 드론 택시 UAM이 대기하고 있었다. 에드워드가 UAM에 몸을 싣자, 영어와 아랍어로 간단한 주의사항이 나온 후 수직으로 이륙해 날아오른다. 15분 후 UAM은 '더 라인'의 한 빌딩 옥상에 착륙한다. 전체 80층짜리 빌딩 중, 에드워드가 오늘 가야 할 곳은 3층에 위치한 저층 회의실. 옥상부터 세서 무려 77층, 수백 미터를 내려가야 하지만 걱정 없다. 고급 엘리베이터에 발을 올리자마자 정말 총알 같은 속도로 수십 초 만에 3층에 도착했다.

　PT를 성공적으로 마친 그는 5층으로 올라가 특이하게도 위아래가 아닌 좌우로 움직이는 횡이동 엘리베이터를 타고, 다섯 개의 건물을 가로질러 고급 일식 레스토랑 하나비에 도착한다. 이곳에서는 로봇 셰프가 자동으로 일본식 부침개 오코노미야키를 만들어 주고, 서빙 로봇이 그의 앞까지 배달해 준다.

위의 사례는 사우디아라비아 정부가 그동안 발표한 네옴시티에 대한 각종 긍정적인 청사진을 기반으로 예상해 본 10년 후의 가상의 하루다.[2] 물론 이는 사우디가 추진하는 대부분의 프로젝트가 성공적으로 구현됐을 때나 가능한 공상이기도 하다. 2017년 10월 24일, 사우디아라비아의 빈 살만 왕세자가 도시계획에 대한 첫 발표를 한 시점부터 이 책을 쓰고 있는 2023년 상반기까지, 네옴시티에 대한 추측과 기대, 비판은 뜨겁게 끓어오르고 있다.

중동 및 북아프리카(MENA)의 정중앙에 위치한 패권국 사우디, 이 사우디의 왕위 계승권자가 운명을 걸고 추진하는 수백조 원의 프로젝트인 만큼 네옴시티의 중요성은 말할 필요도 없을 것이다. 그러나 대중들은 자꾸 계획의 본질보다 그 주변을 둘러싼 큼직한 수사만을 중심으로 지켜보고 있다.

프로젝트가 최초로 발표된 2017년부터 6년간 네옴시티에 대한 논의는 "700조 원의 초대형 건설 프로젝트", "170킬로미터짜리 세계 최장거리의 도시는 불가능하다", "네옴시티 성공 시 100배 갈 주식 종목은?" 등의 결에서 단 한 치도 벗어나지 못했다. 수박 맛을 물어보는 사람은 없고, 수박의 줄 개수만을 놓고 왈가왈부하고 있는 셈이다. 여기에 사우디 정부가 네옴시티의 새로운 하부 프로젝트 콘셉트를 발표할 때마다 혼란은 가중된다.

이런 혼란이 가중되는 이유는 크게 두 가지다.

우선 사우디 정부, 특히 최고 실권자인 빈 살만 왕세자가 세계의 주목을 끌기 위해 거대한 숫자와 미래지향적인 조감도를 내세워 속내를 숨기고 있다. 빈 살만은 세계 최대 PR 컨설팅 회사인 에델만의 자문을 받아 집권 초기부터 스스로의 이미지를 구축해 가고 있으며, 네옴시티와 관련해서도 마찬가지다. 네옴시티의 성공 가능성에 대한 논쟁 자체도 빈 살만이 의도한 부분일 확률이 높다. '무플보다는 악플이 차라리 낫다'라는 말처럼, 무관심보다는 비판 여론이라도 들끓는 편이 네옴시티, 더 나아가 빈 살만이 구상하는 새로운 사우디아라비아의 홍보와 인지도 제고에 도움되기 때문이다.

또 다른 이유는 네옴시티에 대한 전문가 논의의 전개 추이다. 그동안 대부분의 중동 관련 이슈들은 통상 지역 전문가, 국내로 치면 아랍지역학 교수들이나 외교관, 경영 컨설턴트들이 큰 어젠다를 제기하고 세부적인 사항을 관련 산업 전문가들이 해석하는 방식으로 국내에서 소화돼 왔다. 가령 이란과 이스라엘의 갈등이 고조되면 이와 관련된 지역 전문가의 해석이 먼저 나오고, 이후 유가의 전망과 석유화학 산업에 끼치는 부정적 영향에 대해 증권사 애널리스트가 분석을 내놓는 식이다.

그런데 네옴시티의 해석은 정반대로 진행되고 있다. 현재까지는 지역 전문가의 의견은 거의 보이지 않고 각 분야의 전문가, 특히 건축가라든지 증권사 애널리스트들의 목소리만이 논의의 중심에 있다. 물론 산업별로 상세한 분석은 해당 산업의 전문가가 훨씬 전문성을 갖고 있겠지만, 네옴시티에 대한 통합적인 이해와 해석에는 취약할 수 있다. 본질과 의도를 보기보다는, 사우디 정부가 새로운 하부 프로젝트를 하나 발표할 때마다 여기에 휘둘려 세부적인 유불리를 따지는 수준에서 나아가기 어려운 것이다. 네옴시티의 전체 사업 규모가 워낙 방대한 만큼 점차 이런 '장님 코끼리 두드리기' 식 논의는 가중되고 있다.

본문에서도 여러 번 반복하겠지만 일견 경제적인 프로젝트로 이해되는 네옴시티 프로젝트는 사실 지극히 정치적이고 외교적인 프로젝트다. 사우디 정부가 구상하는 네오(NEO) 사우디아라비아의 미래와 맞닿아 있으며, 이는 사우디 정부가 2016년 발표한 향후 15년간의 국정 기조, '사우디 비전 2030'과 같은 맥락에서 해석해야 한다.

편견과 낭만을 벗어야 제대로 보인다

네옴시티를 포함해 중동 관련 프로젝트를 해석할 때 유의할 또다른 점은 과도한 낭만주의와 편견이다. 사우디가 한국과 물리적, 심리적 거리가 먼 국가라는 점은 객관적이고 냉정한 이해를 어렵게 하고 있다. 특히 '제2의 중동붐'이라는 표현은 50대 이상 한국인들에게 고도성장기의 향수를 떠올리게 하면서 대책 없는 낙관론을 퍼뜨리고 있다.

그동안 '제2의 중동붐'으로 불리던 수많은 중동 프로젝트가 있었지만, 1차 중동붐과 리비아 대수로 공사 정도 이외에 한국 기업에 큰 성과를 가져다 준 프로젝트가 몇 개나 있었는가? 1973년부터 1982년까지 지속된 1차 중동붐은 여러 가지 호재와 겹쳐 한국의 고속성장을 이끌었다. ① 고유가로 팽창한 사우디의 국부, ② 건설/토목 역량이 떨어지는 현지 건설사, ③ 친미적인 양국의 외교 기조, ④ 저렴하지만 질 좋은 한국의 건설 인력, ⑤ 높은 한국의 실업률, ⑥ 권위주의 정치체제(한국)와 관료제로 인한 빠른 의사결정 등이 그 성공 요인이다. 하지만 이 중 현재의 사우디-한국 관계와 오버랩 되는 부분을 찾기가 어렵다. 1990년대 이후 제2차 중동붐을 외치며 중동 건설시장에 뛰어들었던 한국 기업들은 대부분 적지 않은 손실을 보고 사업 철수를 선언한 상황이다.

최근에는 중국이라는 거대한 플레이어가 사우디 정부와의 관계를 돈독하게 맺어 나가고 있다는 점이 변수로 부상하고 있다. 중동 지역 수주액으로 볼 때 중국이 한국 건설업의 추격자가 아니라, 오히려 한국이 중국의 추격자이며 점점 그 격차가 벌어지고 있다. 막연한 낙관론보다는 과연 네옴시티가 한국에게 기회가 될 수 있는지 여부부터 원론적으로 탐색해 보아야 하는 상황이다.

네옴시티 프로젝트는 정치적 프로젝트인 만큼 한국-사우디 정부의 외교 관계에 따라 한국 기업들의 참여 여부 및 수주액이 정해질 것이다. 사우디가 최근 외교 기조를 기존의 친미 일변도에서 다자 외교로 빠르게 전환하고 있다는 사실은 특기할 만하다. 반면 한국은 10년간 이어지던 미-중 간 등거리 외교에서 윤석열 정부 등장

이후 사실상 친미외교로 방향을 잡고 있다.

다만 이 때문에 사우디가 중국 기업 밀어주기 일변도로 나갈 것이라는 생각은 지나치게 평면화된 도식이다. 대규모의 중동 시공실적을 보유했으면서도 낮은 수주단가를 감내할 수 있는 국가가 한국, 중국 두 곳뿐이라는 점을 고려하면, 사우디 정부가 정치적으로는 중국과 가까이하면서도 경제적으로는 두 나라에게 적당히 일감을 배분해 경쟁시키는 구도를 추구할 가능성도 높다.

네옴시티에 대해 통합적인 분석을 하기 어려운 또 다른 이유는 이미 착공에 들어간 프로젝트임에도 불구하고 구체적으로 밝혀진 내용이 많지 않다는 점이다. 연도별 마일스톤과 최종 핵심성과지표(KPI) 정도만 밝혀졌을 뿐, 그 중간 과정들과 상세한 내용은 아직 베일에 싸여 있다. 관련 프로젝트를 수주한 기업들이 어떤 업무를 맡게 됐다는 내용이 부분적으로만 공개되고 있을 따름이다. 글로벌 주류 언론들조차도 '독재국가', '이슬람 신정(神政)국가'라는 서구 중심의 프레임에 맞추어 사우디를 바라보는 만큼, 네옴시티에 대한 이해와 해석도 편견으로 꽉 차 있다. 결국 사우디 정부의 공식 발표와 인터뷰 자료를 모으고, 지역 전문가들의 비판적 해석을 거치는 것이 현재로는 제대로 네옴시티를 돌아볼 수 있는 유일한 접근법이다.

본서는 처음부터 끝까지 두 가지 주제의식을 추구하고자 한다.

첫번째는 '그래서 네옴시티를 통해서 사우디 정부가 궁극적으로 지향하고자 하는 바가 무엇이냐'라는 질문에 대한 해답을 찾는 것이다. 설령 사우디 정부가 선언한 각종 정량적 목표의 50%, 혹은 그에 미달하더라도, 네옴시티를 통해 추구하고자 했던 진정한 목표를 달성했다면 이는 성공한 프로젝트가 된다.

둘째는 '네옴시티가 준 기회를 한국은 어떻게 활용해야 하냐'는 질문에 대한 해답을 찾는 것이다. 아무리 네옴시티가 매력적인 프로젝트라도 한국 기업에게 제대로 된 기회가 주어지지 않는다면 그림속의 떡에 불과하다. 어떤 방향에서 얼마나 큰 기회가 주어지는지, 그리고 이 기회를 잡으려면 어떤 준비가 필요한지를 대략이라도 그려내는 걸 목표로 한다

무엇보다 '~는 반드시 가능하다' 혹은 '~는 절대로 이루어질 수 없다'라는 단정적 표현을 지양하고자 한다. 네옴시티의 구체적인 내용이 거의 밝혀지지 않은 지금 단계에서 가능과 불가능을 논하는 것은 무의미하다. 사업 규모가 지금까지 진행해 본 적 없는 규모라거나, 사업비가 기대 경제 효과에 비해 지나치게 과도하다고 하는 종류의 근거는 실현 가능성을 판단하는 데 큰 도움이 되지 않는다.

경제 프로젝트지만, 돈은 문제가 아니다?

권위주의 국가에서 진행되는 프로젝트는 단기적인 경제적 손익을 따지지 않고 정치적 목적에 따라 진행되는 경우가 허다하다. 시

장경제를 기반으로 한 민주국가에 사는 한국인 눈에는 터무니없어 보이는 프로젝트라도 어떤 비용을 치러서라도 성사되는 경우가 종종 있다.

참고할 만한 사례로 2022년 사우디의 이웃 국가 카타르에서 개최된 축구 월드컵이 있다. 카타르 월드컵은 2010년도 유치 확정 시점부터 "무더운 중동 지역에서 월드컵 경기를 개최하는 건 불가능하다"는 만성적인 비판에 시달려왔다. 카타르는 경기장 전체에 에어컨을 틀고, 개최 시점을 11월로 미루는 등 전례 없는 과감한 행보를 통해 끝내 월드컵 일정을 전부 소화하는 데 성공했다.

빠듯한 공기(工期)를 맞추기 위한 강행군에 수천 명에 달하는 건설 노동자들이 희생됐고, 투자 비용도 월드컵 사상 최대 수준인 300조 원을 넘어섰다는 분석이 나온다. 월드컵 개최로 인한 경제 효과가 30조 원 이하로 추정된다는 점을 고려하면 투자금의 10분의 1도 건지지 못했지만, 정작 카타르 현지는 대회 기간과 그 후 내내 축제 분위기였다. 총 인구 270만, 그나마도 자국민은 30만 남짓한 국가에서 월드컵을 개최한 사상 첫 사례였고, 무엇보다 국제사회에 거의 알려져 있지 않던 카타르의 인지도와 신인도를 높이 끌어올리는 데에 큰 원동력이 되었기 때문이다.

사우디아라비아는 카타르보다 국가 총 GDP는 5배, 인구는 10배 이상 많은 나라다. 여기에 중동의 맹주라는 자존심까지 걸리면 카타르가 월드컵에 투자한 비용의 몇 배 이상을 네옴시티에 투자하지 못하리라는 법은 없다.

본문에서 또다시 후술하겠지만 걸프만 연안의 석유 부국들, 이른바 걸프협력회의(GCC) 국가들 간에 역내(域內) 주도권을 두고 치열한 자존심 경쟁이 펼쳐진다는 점도 네옴시티를 이해하는 데 있어 중요한 포인트다. 그중에서도 역내에서 가장 개방된 도시인 두바이와 가장 부유한 카타르, 사우디 3개국의 약진이 눈에 띈다.

가령 국제 행사 하나만 놓고 보더라도 2021년 말 두바이가 '2020 국제 박람회(EXPO)'를 성공적으로 개최하자 바로 카타르가 2022 월드컵을 개최해 응수하는 모양새였다. 사우디는 한술 더 떠 2029년 동계 아시안게임과 2034년 하계 아시안게임을 모두 개최하겠다고 나섰는데, 하필이면 그 사이의 2030 아시안게임은 카타르 도하에서 열린다. 2030년 엑스포 개최 후보지로는 사우디의 리야드가 부산과 치열한 각축을 벌이고 있다. 행사 유치를 위해 복수의 국제기구에 중동발 로비가 쏟아질 예정이라, 관계자들이 '오일머니 특수'를 은근히 기대하고 있다는 후문도 있다.

두바이 엑스포는 GCC 부국들 간의 국제 대회 유치 경쟁을 쏘아 올렸다.[3]

이런 굵직한 글로벌 이벤트들은 각국 왕가가 절대 놓칠 수 없는 꽃놀이패다. 카타르의 국왕인 셰이크 타밈 빈 하마드 알사니는 2013년 왕위 계승 이후로 한동안 공적이 없다는 비판에 시달렸다. 아버지인 전대 카타르 국왕 셰이크 하마드 빈 할리파 알사니가 급속한 경제성장과 의회제 도입 등의 업적으로 역사상 최대 명군으로 꼽히는 것에 비해, 아들인 현 국왕에게는 큰 업적이 없었던 탓이다. 그러나 이번 월드컵으로 카타르 국민들의 자긍심을 높이는 데 성공하며 국왕에 대한 국내외 지지율이 빠르게 올라가고 있다.

두바이 또한 엑스포의 유치부터 조직, 개최까지 왕족들이 리더십을 보여주며 국민의 지지율을 이끌어 내고 있다. 엑스포 후보지 선정 과정에서 최종 PT는 림 알 하쉬미 공주가 직접 리드하며 심사위원단의 주목을 받았다. 두바이의 왕세자인 셰이크 함단은 엑스포 후보지 선정 직후인 2013년 두바이를 상징하는 마천루, 장장 828미터에 달하는 부르즈 할리파에 올라가 자기 손으로 국기를 꽂는 퍼포먼스를 보여주기도 했다.

아직까지 별다른 글로벌 이벤트가 없는 와중에 네옴시티는 사우디 왕가, 특히 빈 살만 왕세자의 리더십을 대외적으로 보여줄 수 있는 좋은 계기가 될 전망이다. IR을 비롯한 네옴시티 관련 주요 행사를 빈 살만 왕세자가 직접 주관하고 연사로 나서는 것은 바로 이런 이유에서다. 단순히 경제적 투자수익률(ROI)만으로 네옴시티의 성사 여부를 판단하기에는 지극히 부족하다.

자료 부족과 편견을 넘어

집필하면서 가장 아쉬웠던 부분은 만성적인 자료 부족이다. 사우디아라비아는 자국 정부의 필요에 따라서만, 그마저도 편향된 형태로 정보를 공개하는 것으로 악명이 높다. 빈 살만 왕세자가 실권을 쥐고 나서도 이런 경향은 오히려 심해지고 있다. 정부의 브랜딩에 긍정적인 자료만이 외부에 공개되지만, 네옴시티의 경우 그나마도 구체적인 내용 없이 추상적인 목표와 궁극적인 도달 수치만이 공개되고 있을 뿐이다.

그렇다고 글로벌 외신들의 보도를 참고하자니, 양과 질 모두 불만족스러운 부분이 많았다. 무엇보다 '당위'와 '현실'을 구분하지 못하고, 아랍과 이슬람 문화에 대한 묘한 편견이 섞인 내용들이 주류를 차지했다. 가령 네옴시티가 환경에 부정적인 영향을 끼칠 가능성이 있는 건 사실이지만, 이 사실이 직접적으로 프로젝트의 성패를 좌우하는 요소가 될 수는 없다. 그러나 많은 보도들은 "반 생태주의적 프로젝트가 네옴시티의 성공 가능성을 낮추고 있다"라고 보도하는 중이다.

네옴시티 프로젝트가 순차적으로 진행되고 있는 만큼, 향후 보다 많은 자료들이 발표되기를 고대한다. 특히 올해 9월에는 사우디 정부 관계자가 세계 최초로 한국에 내방해 네옴시티 투자 설명회를 하겠다고 발표한 만큼, 이 책에서 구체적으로 설명하지 못한 내용 상당 부분이 밝혀지리라는 기대가 크다.

본서에서는 향후 구체적인 네옴시티 계획이 발표된 후, 해당 내용을 반영한 증보판을 출간해 보다 정확성을 기하겠다고 약속드린다. 계획된 네옴시티 완공 시점인 2029년까지 아직 약 6년의 시간이 남았다. 그동안 어떤 흥미로운 세부 플랜이 공개될지, 그리고 이 계획 중 얼마나 많은 부분이 현실화될지 퍼즐을 맞춰 보는 것도 독자 여러분에게 큰 즐거움과 유익함이 되기를 바란다.

1

사우디를 이해해야
네옴시티가 '바로' 보인다

사우디는 왜 네옴시티에
국운을 걸었나

2017년 10월 24일, 사우디아라비아의 수도 리야드는 축제 분위기였다. 사우디의 최고 실권자인 빈 살만 왕세자가 스위스 다보스의 세계경제포럼(WEF)을 벤치마킹해 만든 미래투자포럼(FII)의 첫 번째 행사가 성황리에 개최된 것이다. 크리스틴 라가르드 IMF 총재를 비롯해 스티븐 므누신 미국 재무장관, 손정의 소프트뱅크 회장을 비롯해 굵직한 글로벌 재계 인사들이 모여들어 행사 분위기는 점차 달아올랐다. 이날 직접 PPT를 나선 빈 살만 왕세자는 충격적인 발표를 내놓았다.

네옴시티 프로젝트를 발표하고 있는 빈 살만 왕세자.[1]

　발표의 핵심은 약 700조 원을 투입해 2030년까지 사우디 서북방 지역에 '네옴시티'라 불리는 초대형 스마트시티를 짓겠다는 내용이었다. 계획에 따르면 도시는 단 한 방울의 석유 에너지 의존 없이 운영되며 약 900만 명을 수용할 수 있다. 이어 수년에 걸쳐 사우디 정부는 네옴시티의 전모를 하나씩 차례로 공개한다. 170킬로미터에 달하는 초대형 거주지 '더 라인'과 사막에서 동계올림픽을 개최할 휴양 도시 '트로제나', 그리고 인공 섬으로 만들어진 산업단지 '옥사곤'까지. 비현실적으로 보이는 수치만큼이나 빈 살만이 쏟아낸 네옴의 청사진은 충격적이었다. 서구의 경제학자들과 건축 전문가들은 현실성에 강하게 의문을 제기했지만, 사우디 국민들과 일부 낙관론자들은 열광하고 있다.

　네옴은 새로운 것을 의미하는 고대 그리스어 접두사 네오(νέo)에

M을 결합한 이름이다. M은 빈 살만 왕세자의 이름인 무함마드(Muhammad)의 이니셜이자, 동시에 미래를 의미하는 아랍어 무스타크발(Mustaqbal)의 약자이기도 하다.

발표 당시만 해도 사우디 정부의 발표가 단지 페이퍼플랜에 그치리라고 생각하는 회의론자들이 많았지만, 이 책을 쓰고 있는 2023년 초까지 각종 제반 계획은 착착 진행되고 있다. 추정 사업비는 적어도 700조 원, 최대 2000조 원을 돌파하리라고 예상된다. 중동 최고의 부국이라는 사우디아라비아의 1년 총 GDP는 2022년 말 기준 약 1경 110억 달러,[2] 원화로는 대략 1300조 원이다. 보수적으로 잡아도 사우디가 생산하는 1년 치 국부의 절반, 경우에 따라서는 1년 반의 부가 모두 투입되어야 하는 어마어마한 규모다. 그야말로 국운을 건 대사업일 수밖에 없다.

사우디아라비아가 이런 무리수에 가까운 대사업을 시도하는 이유는 무엇일까? 이는 사우디가 처한 사회/경제적 변화 요구와 밀접히 맞닿아 있다. 또한 네옴시티를 손수 구상하고 주도하고 있는 빈 살만 왕세자의 리더십에서도 이유를 찾을 수 있다.

도대체 사우디는 왜 이런 비현실적인 프로젝트에 뛰어들었을까?

"석기시대는 돌이 없어 끝난 게 아니다"

"석기시대는 돌이 없어 끝난 게 아니다. 석유시대의 종결에 대응

"석기시대는 돌이 없어 끝난 것이 아니다"라는 말을 남긴 야마니
전 석유부 장관(좌). 무려 1962년부터 1986년까지 무려 4명의 국
왕 아래에서 25년간 장관을 역임한 전설적인 인물이다.[3]

해야 한다."

아흐메드 자키 야마니 사우디 전 석유부 장관이 2000년에 남긴
이 말은 오늘도 에너지 업계에서 종종 회자되는 문장이다. 무려
25년간 장관을 역임한 야마니는 석유수출국기구(OPEC)의 기초를
닦고, 영미계 초대형 석유 업체 7곳, 이른바 '세븐 시스터즈'가 주
도하던 석유시장을 사우디 중심으로 재편하는 등, 그가 끼친 영향
은 이루 다 말할 수 없을 정도다. 이런 인물이 벌써 20년도 전에,
오늘날 사우디 정부의 고민을 일찌감치 예측해 이와 같은 명언을
남긴 것이다.

사우디의 심각한 '석유 중독증'

많은 중동 국가들이 국가 산업과 재정의 상당 부분을 석유에 의존하는 이른바 '석유 중독증'에 걸렸다는 평을 듣는다. 그중에서도 사우디는 특히 중독 상태가 심각한 국가로 분류된다. 석유에 대한 국가 재정 의존도가 무려 65%, GDP의 40%에 달하는(2021) 등 사우디는 극단적인 석유 중심 경제로 구성되어 있다. 실제로 이는 사우디아라비아의 GDP 성장률이 내생적인 경쟁력이나 투자보다는 석유가격에 따라 크게 좌우되는 결과로 이어진다.

일찌감치 많은 경제 전문가들이 석유가 30~40년 만에 고갈되고, 사우디를 위시한 중동 국가들은 곧 경제 위기를 맞을 것이라고 주장해 왔지만 이런 예측은 아직까지 실현되지 않았다. 전 세계 지식인들로 구성된 로마 클럽은 1973년 〈성장의 한계*The Limits to growth*〉 보고서에서 석유가 향후 30년 내로 고갈되리라고 분석했지만, 2023년까지 석유의 가채굴 매장량은 오히려 점점 늘어나고 있다. 에너지 업계 종사자 중 상당수는 수십 년 내 석유가 고갈되리라는 주장을 일종의 도시괴담으로 취급하고 있기도 하다. 석유 시출 기술이 발전하며 매년 신속하게 보다 많은 석유 매장지를 찾아내고 있는 데다가, 정제 기술의 발전으로 과거에는 활용이 어려웠던 소규모 매장 석유나 셰일오일 등을 활용할 수 있게 되었기 때문이다.

그럼에도 불구하고 석유 중심 경제는 예상치도 못한 방향에서 위협을 받고 있다. 이 위협이 본격적으로 현실화되는 날 사우디의 석유 중독은 불치병이 될 것이다. 사우디 정부가 탈석유 경제로의 전환에 서두르는 이유다.

패러다임 시프트

"거대 문명은 내부에서 붕괴되기 전에는 외부로부터 정복되지 않는다." 미국의 철학자 윌 듀런트가 남긴 이 말은 사우디의 석유 중심 경제에도 적용될 수 있다. 사우디 경제를 흔드는 가장 큰 요소는 외부(석유 고갈)가 아니라 내부, 즉 에너지 산업 자체의 변환이라는 소리다. 전 세계 에너지 산업은 2010년대부터 빠르게 패러다임 시프트가 일어나고 있다. 석유와 석탄, 천연가스 등에 의존하는 산업구조가 대체에너지와 배터리 중심으로 변동되고 있다.

변화의 신호탄은 전기를 기반으로 하는 자율주행차의 대량 보급이었다. 일론 머스크가 이끄는 테슬라는 2012년부터 본격적으로 B2C 판매에 돌입하면서 모빌리티 시장에 전기차 혁명을 일으켰다. 이어 중국의 비야디(BYD)를 비롯한 후발 주자들도 빠르게 전기차를 저렴한 가격에 공급하기 시작했고, 벤츠와 캐딜락으로 대표하는 유럽과 미국의 럭셔리 브랜드들조차 전기차 모델을 내놓고 있다.

전기차는 단순히 모빌리티의 변화를 이끄는 게 아니라 에너지 업계 전반의 구조를 빠르게 바꾸어 나가는 중이다. 자동차의 내연

일론 머스크는 2012년부터 내연기관/석유 중심 경제를 배터리 중심 경제로 변환하는 '패러다임 시프트'를 이끌고 있다.[4]

기관이 들어갈 자리에 대신 배터리가 들어가면서, 석유의 자리를 속속 태양광, 태양열, 풍력, 수력 등 친환경 에너지가 대체하고 있다. 동력을 전기의 형태로 바꾸어 한동안 저장할 수 있는 배터리는, 일정 기간에만 전력 생산이 가능한 친환경 에너지와 궁합이 좋기 때문이다. 이런 전기 배터리 열풍은 자율주행차를 넘어 항공기, 선박 등으로 퍼져 나가고 있다. 특히 배터리 효율이 나날이 개선되면서 전기차의 고질적 문제였던 주행거리 이슈도 해결되고 있다.

수소 기술이 빠르게 상용화되고 있다는 점도 석유 중심 에너지 경제에는 잠재적 불안 요소다. 이미 수소 연료전지를 탑재한 일반 승용차를 한국에서도 쉽게 볼 수 있으며, 전 세계의 내연기관식 잠수함들은 수소 기술을 활용해 원자력 잠수함 대비 떨어지는 성능

이미 2018년 상용화되어 한국의 도로를 달리고 있는 현대자동차의 수소차 넥쏘.[5]

을 보강하고 있다.

　이렇듯 석유를 토대로 하는 내연기관 경제에서 전기를 토대로 하는 배터리 경제로의 전환을 의미하는 패러다임 시프트는 산업계 전반에 걸쳐서 일어나기 시작했다. 사우디가 현재의 석유 의존 경제 구조를 유지한다면 짧으면 수년, 길어도 십수 년 내로 재정 및 사회적 측면에서 심대한 타격을 입으리라는 예상이 지배적이다.

　바로 이런 상황을 정확하게 예상하고 대응에 나선 인물이 빈 살만 왕세자다. 그는 왕세자 즉위 전부터 서구의 경영 컨설턴트들을 가까이하면서 미래 사우디의 모습을 끊임없이 구상해 왔다. 현재의 사우디는 석유와 떼어 놓고서는 생각할 수 없는 국가가 되어 버렸다. 석유 경제가 붕괴된다면 국가 수입의 절반 이상이 사라지는 만큼, 개혁을 넘어 아예 새로운 사우디를 만들어 내는 수준의 경제적·사회적 인프라 구축이 수반돼야 한다.

네옴시티는 바로 빈 살만이 지향하는 '뉴 사우디'를 건설하기 위한 하나의 거대한 시도라고 볼 수 있다. 그러므로 네옴시티의 큰 방향성은 빈 살만이 지향하는 새로운 사우디의 개혁과 일치한다. 구체적인 내용은 뒷부분에 다룰 '비전 2030'에 잘 녹아 있으며 이를 위해 착착 하나씩 개혁을 진행 중이다. 빈 살만이 실권을 잡은 2015년부터 8년간 진행해 온 개혁의 방향을 이해한다면, 향후 네옴시티가 어떤 도시로 만들어질지에 대해서도 예측할 수 있다.

비전 2030과
변화하는 사우디

비전 2030의 로고.[6]

네옴시티는 사우디, 좀 더 구체적으로는 사우디 정부에 의한, 정부를 위한 프로젝트다. 그러므로 프로젝트가 지향하는 바와 그 배후에 깔린 의도를 입체적으로 파악하기 위해서는 사우디 정부가 그리는 국가상을 먼저 이해해야 한다. '건설비 수백조 원'이나 '170킬로미터에 달하는 직선 도시'와 같은 자극

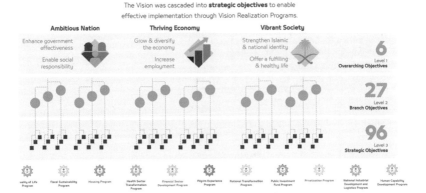

The Vision was cascaded into **strategic objectives** to enable effective implementation through Vision Realization Programs.

Ambitious Nation	Thriving Economy	Vibrant Society	
Enhance government effectiveness	Grow & diversify the economy	Strengthen Islamic & national identity	**6** Level 1 Overarching Objectives
Enable social responsibility	Increase employment	Offer a fulfilling & healthy life	

27 Level 2 Branch Objectives

96 Level 3 Strategic Objectives

비전 2030의 세부 목표들.[7]

적인 문구가 아닌, 진정으로 네옴시티를 통해 구현하고자 하는 목적은 무엇일까? 이는 '비전 2030'에 잘 드러나 있다.

2016년 4월, 사우디는 오는 2030년까지 국가 정책의 비전과 방향성을 담은 비전 2030을 발표했다. 해당 보고서는 사우디의 현 국왕인 살만 빈 압둘아지즈 알 사우드가 2015년 즉위한 후, 사우디의 향후 발전 방향을 밝히기 위한 목적으로 공개됐다. 이후 2017년 왕세자에 즉위한 빈 살만이 비전 2030을 자신의 언어에 맞게 해석해 프로젝트로 구현한 것이 바로 네옴시티다.

비전 2030은 '야심찬 국가(Ambitious Nation)', '번영하는 경제 (Thriving Economy)', '활기찬 사회(Vibrant Economy)'라는 3대 원칙을 중심으로 구성되어 있다. 이 중 특히 네옴 프로젝트와 밀접한 연관이 있는 '번영하는 경제'를 시작으로 각각의 원칙들이 어떤 항목들로 구성되어 있는지 간단히 살펴보고, 이 원칙 아래에서 사우디가 어떤 개혁 정책들을 추구하고 있는지 알아보도록 하자.

1) 번영하는 경제

번영하는 경제는 '경제 성장과 경제적 다양화(Grow and Diversify the Economy)'와 '고용 증대(Increase Employment)'라는 두 가지 최상위 목표를 두고 진행되고 있다.

경제 성장과 경제적 다양화 목표 밑에는 민간 분야의 경제 기여 확대, 에너지 분야에서의 가치 획득 극대화, 비석유 분야의 잠재력 활성화, 공공 투자 자산의 확대와 성장 엔진 역할 부여, 사우디의 글로벌 물류 허브화, 사우디 경제의 지역 및 글로벌 사회와의 통합, 비석유 수출량 증대 등의 하위 목표를 두고 있다.

간단히 요약하자면 사우디 정부는 건국 이래 계속 지적됐던 만성적인 네덜란드 병, 즉 부유한 자원이 오히려 국가 경제 성장의 고도화를 가로막는 현상을 일신하고자 한다. 네덜란드가 1950년대 북해 가스전 개발 이후 순간적으로 호황을 누렸지만, 물가 급등과 비석유 산업 위축으로 고통받은 일화는 유명하다. GCC 국가들의 대부분은 현재 석유 자원 의존률이 매우 높으며, 앞서 설명했듯이 사우디도 그중 하나다. 석유 외의 산업 발전이 미진한 상황에서, 석유가 고갈되거나 패러다임 시프트가 완료된다면 사우디가 맞게 될 운명은 뻔하다. 바로 이런 고질병을 극복하기 위해 석유 부문의 비핵심 자산을 매각하고, 해당 재원으로 역내 산업 육성에 주력하겠다는 결심이 비전 2030에 담겨있다.

고용 증대 목표 밑에는 시장 수요에 맞는 인적 자본 개발, 구직기회의 평등한 접근, 중소기업을 통한 일자리 창출, 경제를 위한 외국 인재의 유인 등의 하부 목표가 있다. 사우디의 경우 고용의 3분의 2가 국가에 의해 이뤄지는 등 공공 부문의 지분이 과대하다는 평을 듣고 있으며, 무엇보다 여성의 고용률이 고작 20%에 달하는 등 인적자원의 활용도도 떨어지는 편이다.

무엇보다 고용의 핵심을 담당하는 사우디의 인적자원은 질적으로 우수한 평을 전혀 듣고 있지 않다. 세계은행(World Bank)은 매년 유아 사망률 및 발달률, 교육의 기간과 질, 성인의 기대수명 등을 종합해 매년 인간개발지수를 발표한다. 2020년 기준으로 사우디는 84등을 기록했는데, G20이라는 경제 규모에 어울리지 않는 초라한 순위다. 이는 이스라엘과 거의 매일 분쟁을 벌이고 있는 팔레스타인(80위), 장기간의 경제 봉쇄로 신음하는 이란(75위)보다도 저조한 순위다. 실용 학문과 관계가 먼 이슬람 중심 교육과 큰 빈부격차, 여성차별 등이 이런 낮은 인적자원의 원인으로 꼽힌다.

2) 야심찬 국가

야심찬 국가 원칙은 정부 효율 확대(Enhance Government Effectiveness)와 사회적 책임 활성화(Enable Social Responsibility)라는 두 가지 최상위 목표를 두고 있다.

전자의 경우 균형 잡힌 공공 재정, 정부 기관의 수행 역량 개선,

시민에 대한 효율성 제고, 국가의 필수 자원 보호 등의 하위 목표로 구성되어 있다. 그리고 후자는 시민의 사회적 책임 제고, 기업의 사회적 책임 활성화, 비영리 부문의 영향력 확대라는 하위 목표를 두고 있다.

정부 기관의 수행 역량 개선 및 시민에 대한 효율성 제고는 빈 살만이 꾸준히 추구해 왔던 '청렴하고 일 잘하는 정부'라는 방향성과 맞닿아 있다. 앞서 2017년에 있었던 대숙청의 명분 역시 '부정부패'가 가장 큰 몫을 차지했으며, 이 당시 국제투명성기구(Transparency International)에 따르면, 빈 살만 왕세자가 즉위하던 사우디아라비아의 부패인식지수는 100점 만점에 49점, 평균 이하로 평가받았다.[8] 2022년에는 51점으로 소폭 상승해 요르단(47점)보다는 높은 점수를 기록하였다. 그러나 여전히 아랍에미리트(67점), 카타르(58점) 등 정비가 잘된 GCC 국가보다는 낮은 수치이며, 아직 많은 개선을 필요로 한다.[9]

국가의 필수 자원 보호라는 항목 하에는 수자원과 식량 자원을 보호해야 한다는 내용이 담겼다. 네옴시티에는 스마트팜과 수자원 개발과 관련된 하부 프로젝트들이 진행중인데, 이와도 관련이 깊다. 사우디아라비아는 현재 식량자원의 대부분을 수입으로 충당하는 만큼 유사시에 식량 안보 문제가 이슈로 떠오를 수밖에 없다. 특히 세계 최대 밀 생산지인 러시아와 우크라이나가 전쟁으로 맞붙음에 따라 전 세계적으로 식량의 안정적 공급은 화두로 떠오르고 있다.

3) 활기찬 사회

활기찬 사회 원칙은 이슬람적 가치 및 국가 정체성 강화(Strengthen Islamic Values and National Identity)와 성취감과 건강을 주는 삶 (Offer a Fulfilling and Healthy Life)의 두 가지 목표를 구현해 나갈 계획이다.

이슬람적 가치 및 국가 정체성 강화를 위한 하부 목표로는 우선 이슬람적 가치의 고무가 있다. 사우디아라비아는 네지드 왕국 시절 부터 100년, 사우디 왕국 시절부터 수립된 지 90년이 된 국가다. 아랍인이라는 인식은 있으나, 사우디인이라는 인식이 전 국민 사이 에 자리 잡기에는 아직 시간이 더 필요하다. 따라서 빈 살만 왕세 자는 국민 통합의 구심점으로 이슬람적 가치가 여전히 유효하다고 보고 있다. 또 다른 하부 목표인 성지순례자에 대한 봉사 강화와 국가 정체성의 강화 등도 같은 맥락에서 이해할 수 있다. 특히 급 격한 사회변화로 보수 세력의 반발이 예상되는 상황에서, '메카와 메디나, 두 이슬람 성지의 수호자'라는 사우디 국왕의 권한과 의무 는 국민의 충성심을 얻어낼 수 있는 중요한 키워드다.

성취감과 건강을 주는 삶 아래에는 헬스케어 서비스의 강화, 건 강한 생활 양식의 고취, 사우디 도시들의 거주 여건 개선, 지속가능 한 환경의 확보, 문화와 엔터테인먼트의 제고, 사우디를 위한 강화 된 환경 조성 등의 많은 하부 목표가 설정됐다. 요약하자면 사우디 인에게 타 선진국 국민들처럼 '건강하게 오래 살며, 즐길 거리가 많 은 삶'을 제공, 종합적인 삶의 질을 끌어올리겠다는 선언이다.

빈 살만은 비전 2030의 목표를 달성해 나가기 위해 현재 외국의 석학과 컨설팅 회사에 막대한 자문비를 아낌없이 지불하고 있다. 그리고 이는 기존 사우디의 폐쇄적이었던 기조를 뒤집기 위한 일종의 '전시 효과' 목적이라는 평도 있다. 명마를 구하기 위해서 천리마의 뼈에 천금을 지불한다는 속담처럼 말이다. 현재 사우디는 국가 브랜드 관리를 위해 글로벌 대형 PR 에이전시인 에델만의 컨설팅을 받고 있으며, 글로벌 최대 컨설팅 회사인 맥킨지와 BCG 출신들이 빈 살만의 '두뇌' 역할을 맡고 있다.

그렇다면 실제로 비전 2030의 방향성은 어떤 모습으로 구체화되고 있을까? 사우디가 추진하는 개혁 정책들을 크게 경제, 사회, 문화 분야로 나누어 자세히 알아보도록 하자.

자원 중심 경제에서 자본 중심 경제로

사우디아라비아는 그동안의 석유 중심 산업구조를 과감히 매각하고 이렇게 확보한 자본으로 전 세계 유망 기업에 지분 투자를 감행하고 있다. 즉, 자원 중심 경제 모델에서 자본 투자 중심 경제 모델로 빠르게 방향성을 전환(Pivot)하는 중이다. 이미 사우디아라비아는 국부펀드인 공공투자기금(PIF: Public Investment Fund)을 중심으로 세계 투자 업계의 큰손으로 군림하고 있었지만, 빈 살만 즉위 이후 그 규모가 점차 커져가고 있다.

경제 개혁(1) : 아람코 IPO

빈 살만 왕세자가 실권을 잡은 후 달성한 가장 큰 경제적 업적을 꼽자면 아람코의 기업공개(IPO)라고 할 수 있다. 사우디 아람코는 2022년의 순이익이 1611억 달러,[10] 한화로 133조 원에 달하는 무시무시한 초대형 에너지 기업이다. 이 기업은 1933년 미국계 석유회사로 설립됐으며 이후 순차적으로 사우디 국유화 절차를 밟아, 현재 최대 소유주는 사우디아라비아 정부(지분 90%)다. 전 세계 에너지 시장에서 가장 강력한 플레이어인 만큼 수많은 투자자들이 눈독 들이는 회사로, 사우디아라비아의 오일파워를 상징하는 기업이기도 했다.

비전 2030에 따라 사우디 정부가 2016년부터 아람코의 IPO를 준비할 때만 해도 대부분의 투자자, 은행가들은 실현 가능성을 극히 낮게 평가하고 있었다. 대부분의 공기업들이 방만 경영으로 악명 높지만, 아람코는 개중에도 그 급이 다르다는 평을 들어왔던 탓이다. 아람코는 1980년 완벽히 국유화된 이후 단순한 국영 기업을 떠나 왕가의 사금고 역할을 해 왔다. 따라서 사우디 역내 이해관계자가 워낙 많이 얽혀 있는 만큼 IPO 가능성이 낮다는 평가를 받았다.

실제로 그 과정은 순탄치 않았다. 사우디아라비아 정부는 2018년 아람코를 해외 증시에 상장하려고 하던 계획을 철회, 2021년으로 상장 계획을 돌연 연기하기도 했다.[11] 홍콩, 뉴욕, 런던 거래소의 러브콜을 받아 어디에 상장할지를 놓고도 한차례 화제가

사우디 동부에 위치한 아람코 본사의 전경.[12]

됐지만, 우여곡절 끝에 아람코는 2019년 말 사우디 증권시장에 드디어 상장했다. 2023년 현재 아람코는 2조 5000억 달러 정도의 시가총액을 유지하고 있으며, 애플과 엎치락뒤치락하며 시가총액 세계 1위 자리를 다투고 있다. 또한 현재 상장된 아람코의 지분이 1.5% 남짓한 만큼 추가 지분 상장 및 매각, 그리고 아람코 자회사들의 지분 매각 계획도 사우디 정부가 끊임없이 만지작거리는 카드다.

다만 이런 행보는 사우디 정부가 완전히 탈석유화를 추진한다기보다, 국가 산업을 다각화한다는 측면에서 이해해야 한다. 최초 사우디 아람코 상장 당시에는 10% 이상의 지분 IPO가 예상되었으나, 실제로 공모된 지분은 전체의 1.5%에 불과했다. 이어 2021년 아람코가 송유관 사업을 매각할 때도 과반수 이하 지분인 49%만을 매각하였으며, 계속해서 최대 주주의 영향력은 유지한 채로 자산 매각을 진행하고 있다. 이 기간에도 2019년 현대오일뱅크 지분 17%를 확보하고, 석유수출기구에서의 발언권도 유지하는 등 글로벌 석유 산업에 대한 리더십은 계속해서 놓지 않는 중이다.

경제 개혁(2): 하이테크 투자

이렇게 조달한 자본으로 사우디는 전 세계 우량 기업과 유망 기업의 지분을 다시 매입하고 있다. 가장 유용하게 활용하고 있는 투자 수단은 사우디 국부펀드이며, 유명 자산운용사의 대형 펀드를 통한 간접 투자를 선호하고 있다. 사우디가 운영하는 펀드의 규모가 작게는 수조 원에서 크게는 수십조 원에 달하는 만큼, 정부가 직접 투자하기에는 힘이 부치기 때문이다.

특히 빈 살만 정권에서 공격적으로 투자를 늘려가는 분야는 스타트업과 주요 IT 사업, 이른바 하이테크 분야다. 기본적으로 현재 사우디의 투자 방식은 현재를 팔아 미래 가치를 사는 방법이라고 할 수 있다. 현재 꾸준한 매출을 발생시킬 수 있는 현금창출원, 예를 들면 아람코와 같은 기업의 지분을 매각해 미래의 핵심이 될 만한 기업을 사들여 먹거리를 창출하겠다는 구상이다.

한국계 일본인인 손정의가 경영하는 테크 전문 투자 회사, 비전펀드(Visioin Fund)와 빈 살만 왕세자의 끈끈한 관계는 글로벌 투자 동향에서 빠질 수 없는 주요 소식이 되었다. 빈 살만 왕세자는 2016년과 2018년에 각각 450억 달러씩 두 차례, 비전펀드에 막대한 투자를 집행했다.

또한 테슬라의 유력한 대항마로 꼽히는 전기차 회사 루시드(Lucid)에도 2018년부터 꾸준히 투자를 진행해 과반 주주가 됐으며, 미국 상장 기업에만 41조 원가량을 투자하고 있는데 주로 페이팔과 같은 IT 기업의 비중이 높다. 이 밖에도 닌텐도, EA, 액티비전 블리자드 등 유명 IP를 보유한 게임 회사의 지분을 꾸준히 사 모으고 있다. 일설에 따르면, 어린 시절부터 게임을 좋아했던 빈 살만 왕세자의 취향이 상당히 반영되었다고도 한다.

경제 개혁(3): 메이드 인 사우디의 꿈

사우디가 집중하고 있는 또 다른 분야는 제조업이다. 사우디의 경우 관련 통계가 많지는 않아 정확한 추계가 어렵지만, 현재 GDP에서 약 10%~15% 정도를 제조업이 차지하는 것으로 알려져 있다. 석유 관련 업종을 제외한 제조업 육성은 사우디의 오랜 숙원으로, 이와 관련된 내용은 비전 2030에도 다수 포함되어 있다.

이런 염원을 담은 결과물이 바로 전기차 씨어(Ceer)다. 해당 회사는 PIF와 중국계 전자 부품 메이커 폭스콘의 합작사로 핵심 기술은 독일 BMW에서 라이선스 아웃을 진행할 계획이다. 2025년 첫 출시를 목표로 회사가 구동되고 있으며, 2030년까지 연간 50만 대 생산을 목표로 하고 있다.

제조업 육성을 위해 사우디아라비아는 철도 부설에도 속도를 올리고 있다. 제조업의 정상적인 가동을 위해서는 원자재와 완성품을 실어 나르는 대량 수송 수단이 필수적이다. 사우디는 산유국의 저렴한 유가에 힘입어 항공기와 자동차가 일상 속 교통 분담 비율이 높은 반면, 제조업 육성을 위해서는 광활한 아라비아반도를 가로지르는 철도가 필수적이다.

이에 2018년에는 양대 성지인 메카와 메디나를 잇는 하라마인 고속철도를 개통했으며, 기존 노선들에 대한 증축도 진행하고 있다.

한 가지 주목할 만한 점은 메이드 인 사우디라는 꿈의 상당 부분이 중국과의 합작을 통해 현실화되고 있다는 점이다. 앞서 말한 씨어 자동차의 합작사도 중국계 전자부품 및 반도체 메이커인 폭스콘이고, 하라마인 고속철도 또한 1단계에서 중국철도공사(CRCC)의 역량이 상당히 투입되었다. 제조업 역량을 갖춘 나라가 프랑스, 독일, 스페인 등 몇몇 유럽국가와 일본, 한국, 중국 등 동아시아 3개

하라마인 고속철도를 달리는 Talgo 350 SRO.[13]

국 정도라는 점을 고려하면, 개중에서 가장 가격 경쟁력이 있다는 평가를 받는 중국이 유력한 협상 파트너로 부상하는 중이다. 후술하겠지만 사우디-중국 간 외교적 밀월 관계도 영향을 끼치고 있다.

경제 개혁(4): 청정 에너지의 강자를 꿈꾸다

사우디아라비아는 석유 에너지 중심 경제에서 말할 필요 없는 최강자 중 하나였다. 오펙이 에너지 업계의 주축으로 떠오른 1970년대 이후로 사실상 동 기구의 좌장을 맡아 왔으며, 유가 결정을 좌지우지해 왔다. 대체에너지가 '대체'라는 꼬리표를 떼고 에너지 생산의 주류가 된 된 이후에도 사우디는 에너지 분야 강자의 지위를 유지하기를 간절히 바라고 있다.

네옴시티 계획안에는 이런 고민들이 녹아들어 있다. 170킬로미터에 달하는 인공 도시 더 라인은 태양광 집열판을 깔아 도시에서 발생하는 전력의 상당수를 태양으로만 해결할 수 있게 된다. 또한 이미 다수의 기업들과 수소 발전을 위한 MOU를 체결했으며, 세계에서 최초로 태양열로만 가동되는 담수화 시설도 준비하고 있다.

그동안 신재생에너지의 활용 사례 중 상당수는 단순히 테스트 베드에 그치는 수준인 경우가 많았다. 네옴시티는 인구 밀집구역에 대규모로 신재생에너지를 활용, 이를 통해 제로 탄소 스마트시티를 구현하는 첫 사례를 준비하고 있다.

사회적 변화로 경제적 이득을 꾀하다

빈 살만 표 사회 개혁의 핵심은 크게 두 가지 테마로 이해할 수 있다.

첫번째는 폐쇄적이고 경직된 사회 분위기의 유화다. 사우디아라비아는 OECD 국가 중 가장 강성한 종교국가로, 이슬람의 율법인 샤리아(Shariah)에 따라 많은 규제를 유지해 왔다. 또한 울레마(Ulema)라 불리는 종교학자의 권위는 어지간한 정부의 법령과 맞먹을 정도의 영향력을 가졌으며, 이에 따라 많은 경제·사회적 활동들이 제약을 받아 왔다. 사우디는 종교로 인한 규제 정도를 낮추고, 자유로운 사회 분위기를 만들어 갈 계획이다.

두번째는 노동력의 확보다. 앞서 말한 경직된 사회 분위기 때문에 사우디아라비아 여성의 사회 참여율은 세계 최저 수준이며, 이는 국민 전반의 낮은 노동 의욕과 맞물려 사우디는 유능한 노동 인력 확보에 어려움을 겪어왔다.

GCC 국가들은 전반적으로 경제 규모에 비해 인적자원이 열악한 경우가 많은 만큼, 기술직과 전문직, 그리고 주요 기업의 임직원에 선진국 출신 인재를 적극 유입하는 경우가 많다. 대표적으로 UAE는 고학력자와 전문직 및 그 가족을 위해 자유롭게 장기 체류할 수 있는 그린비자 프로그램과 같은 적극적 인재 유치 정책을 펴고 있다. 그 결과 외국인의 인구 비중은 무려 80%에 달하고 있다.

반면 사우디의 경우 인구의 약 36% 정도(1200만 명)가 외국인이지만, 이들 대부분이 개발도상국 중심의 단순 노동 인력으로 정부가 원하는 '인재'와는 거리가 있다. 아무래도 음주나 공공장소에서의 음악 재생 등이 전면 금지될 정도로 경직된 사회 분위기, 그리고 부족한 사회적 인프라 때문에 해외의 고급 인력이 사우디 현지 근무에 관심을 기울이기는 어려운 모양새다. 따라서 사우디 정부는 사회 전반적으로 여성의 참여를 끌어올리고 국민 전반의 노동 의지를 강화하며, 외국인 노동자를 늘려 노동력을 확보하고자 한다.

사회 개혁(1): 종교적 영향력의 하향

사우디아라비아는 OECD에 가입된 다른 이슬람 국가인 튀르키예나 주변국인 UAE, 오만 등과 비교해 보아도 유독 종교적 색채가 강한 나라다. 후술하겠지만 원래도 종교 중심적이었던 사우디는 1979년 메카 테러 사건 이후 이슬람 원리주의적인 색채가 강해졌다. 바로 이런 색깔을 빼고 자유로운 사회 분위기를 만들고자 빈 살만 왕세자는 여러 가지 개혁 정책을 펴고 있다.

가장 대표적인 정책이 그동안 악명 높았던 종교경찰의 권한 축소다. 사우디아라비아에는 미덕 증진 및 악덕 방지 위원회(CPVPV: Committee for the Promotion of Virtue and the Prevention of Vice)라 불리는 소위 '풍기 단속 위원회'가 존재한다. 이 위원회는 종교와 관련해서는 체포, 구속 등 사법 경찰권까지 행사할 수 있는 막강한 조직으로 전성기에는 수천 명에 달하는 조직원과 자원봉사자를 합해 약 1만 명 단위의 인력을 동원할 수 있었다.

이슬람 법에 어긋나는 행위, 가령 길거리에서 손을 잡고 다니는 남녀 등을 단속하는 것이 주 업무로 외국인들도 단속 대상의 예외는 아니다. 지난 2002년에는 여학교에서 화재가 발생했음에도 불구하고 '똑바로 히잡과 차도르를 착용하지 않으면 대피할 수 없다'라며 여학생들의 긴급 대피를 방해, 15명이 숨지고 50여 명이 부상하는 대참사를 일으키기도 했다.

빈 살만 왕세자는 2016년 CPVPV 요원들의 구속 및 체포, 심문권을 대거 박탈하여 이들의 힘을 약화하는 작업에 나서고 있다. 워낙 이들의 악명이 높았던 만큼 극보수 성향의 일부 인사를 제외하고는 대중의 큰 지지를 받고 있다.

사회 개혁(2): 여성의 사회 진출 독려

빈 살만이 크게 관심을 기울이는 또 다른 사회적 주제는 여권 신장, 특히 여성의 사회 진출 장려다. 2018년 6월 24일은 사우디 여성에게 기념비적인 날이었다. 이는 전 아랍권에서 유일하게 금지되었던 여성의 운전이 드디어 허용된 날로, 많은 여성들은 기쁨의 축포를 쏘아 올렸다. 그 전까지 여성은 남편이나 남동생 등 친지와 함께하지 않으면 이동권이 극도로 제한되었다. 더 나아가 2019년에는 남성 보호자가 없는 여성의 단독 해외여행이 허용됐고, 2022년 5월에는 여성 사우디 우주비행사가 등장하면서 가시적으로 여권이 높아지는 추세에 있다. 이런 자유로운 분위기에 힘입어 2022년에는 30여 명의 여성 철도기관사를 모집하는 공고에 무려

2만 8,000명이 지원하며 대성황을 이루기도 했다.

다만, 이런 개혁들이 진정한 의미의 여권 신장과는 거리가 있다는 주장도 있다. 무엇보다 지난 2022년 사우디아라비아 출신의 여성운동가 살마 알 셰하브는 SNS에 공공질서를 교란하는 포스팅을 올렸다는 이유로 무려 34년형을 선고받아 국제 사회에 뜨거운 불을 지폈다. 여성의 사회 참여는 독려하고, 조금이라도 체제를 흔들 수 있는 여성운동은 탄압하는, 사우디 정부의 본심은 어디에 있을까?

사우디의 여권 신장은 여성의 인적자원 활용이라는 측면에서 이해할 수 있다. 이전까지 사우디 여성의 노동참여율은 한 자릿수에 머물렀으나, 2011년 경부터 두 자릿수로 늘어나더니 2018년부터는 폭발적으로 늘어나며 2021년에는 무려 30%를 돌파했다.

사우디아라비아는 인구가 3000만을 살짝 넘는 수준으로, 이 중 절반인 여성 인구와 청소년, 노년층을 제외하면 실제로 일할 수 있는 인구는 1000만 명 이하로 뚝 떨어진다. 결국 새로운 사우디아라비아를 만들기 위해서는 여성의 적극적 사회 참여가 필수적인 셈이다.

이와 같은 구상은 외국 이민, 특히 중산층 이상의 소득을 갖춘 이들을 대상으로 한 이민 유인 정책으로도 번져 나가고 있다. 사우디아라비아는 2019년 소위 '프리미엄 레지던시'라 불리는 사실상의 영주권 제도를 도입했다. 미국 등의 영주권 제도와 유사하게 일정 금액 이상을 투자한 외국인에게 거주 및 사업, 근로의 권리를 주는 제도로 1년 거주 비용은 10만 사우디 리얄(약 3500만 원), 영주권은 80만 사우디 리얄(약 2800만 원)이다.

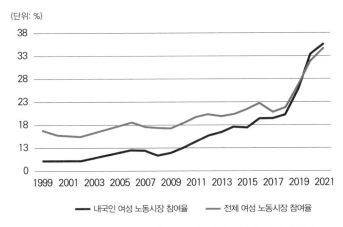

● 사우디아라비아의 여성 노동참여율 추이

(단위: %)

자료: Saudi General Authority for Statistics(2017; 2018a; 2019b; 2020; 2021; 2022a)
정재욱, 사우디아라비아의 여성 경제참여 확대 정책의 경제적 효과, 한국중동학회논총

네옴시티에서 거주를 담당할 더 라인의 수용 인원은 최소 100만 명, 최대 900만 명에 달한다. 이 막대한 인원을 고작 3000만 명을 상회하는 사우디 인원으로 채운다는 건 어불성설에 가깝다. 오히려 전 세계에서 재능 있고 뉴 사우디아라비아에 기여할 수 있는 이민자가 절반 이상 그 공간을 채워 나가야 할 전망이다.

문화 개혁: 즐겁고 활기찬 사우디아라비아

동시에 앞에서 말한 세부 목표들을 달성하기 위해서는 사우디아라비아 자체가 문화로 풍성하고, 엔터테인먼트로 꽉 찬 즐거운 도시로 거듭나야 한다. 오로지 유화된 사회 분위기 속에서 문화가 꽃 필 수 있는 만큼, 종교적 경직성에서 벗어나 엉뚱하고도 창조적인 시도를 허용하는 관대한 분위기를 형성하는 것이 핵심이다.

이런 문화적 유화의 시도 중 하나로 빈 살만은 2018년 4월, 사우디에서 최초로 상업 영화관의 문을 열었다. 과거 사우디에 영화관이 없었던 것은 아니지만, 앞서 언급한 1979년 메카 테러 사건으로 사회적 분위기가 얼어붙으며 1980년대부터 모든 상업 영화관이 문을 닫아 버렸다. 2006년에 사우디 영화감독인 압둘라 알 이야프가 제작한 〈시네마 500킬로미터〉는 극장에서 영화를 보기 위해 바레인까지 500킬로미터를 여행하는 21세 사우디 청년의 모습을 그렸다.[14]

하지만 영화가 개봉했던 해로부터 15년이 지난 2021년에는 사우디아라비아 최대의 항구 제다에서 홍해 국제 영화제가 열리기도 했다. 외국계 영화관 체인들은 우후죽순으로 사우디 국내 진출 가능성을 타진하고 있으며, 사우디 정부도 2030년까지 영화 100편을 제작해 내겠다고 야심찬 계획을 발표한 상황이다.[15]

스포츠 산업 또한 정부가 관심을 기울이는 분야 중 하나다. 사우디아라비아는 현재 2027년 아시안컵과 2029년 동계 아시안게임, 2034년 하계 아시안게임 유치를 확정지었다. 앞서 언급한 비전 2030에 따라 스포츠 분야에서는 2030년까지 커뮤니티를 중심으로 스포츠 참여를 40% 확대, 국제 대회에서 엘리트 선수들의 기량 향상, 스포츠 경제 활성화 등의 목표를 두고 있다. 그리고 해당 미

PIF의 자금 지원으로 설립된 LIV 골프 리그의 로고. 2022년 6월 첫 시즌을 시작했다.[17]

션을 달성하기 위해 향후 5년에 걸쳐 18억 달러 규모의 자본을 투입할 계획이다.[16]

그동안 종교적 이슈로 금기시되어 왔던 굵직한 해외 스포츠 이벤트들도 사우디에서 성황을 이루고 있다. 일례로 세계 최대 프로 레슬링 단체인 WWE는 2018년부터 2023년까지 매년 1회 이상 사우디에서 주요 이벤트를 개최하고 있다. 또한 사우디 국부펀드가 주축이 되어 새로 만든 대형 골프대회 LIV는 세계 최대 골프대회 PGA를 사실상 인수하며 빠르게 부상하고 있다.

네옴시티의 경쟁자이자
벤치마크 대상은 두바이?

　빈 살만이 그려 나가는 네옴시티, 그리고 새로운 사우디아라비아를 작게나마 구현한 도시가 이미 사우디의 근처에 있다. 바로 UAE의 두바이다. 사실 빈 살만의 개혁 정책을 뜯어보면 두바이를 의식했다는 느낌을 지울 수 없다. 상상력에 근거한 비현실적인 도시계획, 석유 없이도 존재하는 중동의 부유한 도시, 자유롭고 활기찬 도시 분위기 등 두바이는 네옴시티가 지향하는 많은 가치들이 이미 녹아 있는 도시다.

사막 위에 인간이 피운 꽃, 두바이

영국의 컨설팅 기업 나이트프랭크에서 매년 발표하는 '부의 보고서(The Wealth Report)'의 가장 최신 순위에 따르면, 2022년 전 세계에서 초호화 주택 가격이 가장 많이 상승한 국가로 두바이가 꼽혔다. 이 집계에 따르면 두바이는 에스펜, 도쿄, 마이애미 등 쟁쟁한 경쟁자를 제치고 고급 주거단지의 연간 가격 상승률에서 무려 44.2%라는 기록을 세웠다.[18] 어느 정도 거품이 끼어 있을 수는 있으나, 그만큼 부자들이 선호하는 도시라는 방증이다. 레저넌스 컨설턴시(Resonance Consultancy)에서 발표하는 세계 최고의 도시 순위에서도 두바이는 매년 최상위권을 기록하고 있으며, 2023년 집계(2022년 기준)에서도 5위를 기록했다.[19] 부유함으로는 뒤처지지 않는 카타르의 도하, UAE 아부다비, 사우디아라비아의 리야드가 범접하기 어려운 명예로운 기록이다. 도대체 두바이의 매력은 무엇인가? 이 도시의 어느 부분에 빈 살만이 빠져 있고, 사우디에 성공의 DNA를 이식하려 하는가?

두바이의 매력도를 설명할 때 반드시 빠지지 않는 표현 중 하나는 '사막에서 핀 꽃'이라는 수식어이다. 이 표현에 두바이의 특색이 모두 녹아 있다. 즉, 자연스럽게 녹지에서 자란 꽃이 아니라, 그동안 인간의 손길이 거의 닿지 않은 곳에서 인위적으로 만들어낸 인조 도시라는 의미다.

두바이의 번영을 상징하는 부르즈 할리파 빌딩. 현재 사상 최고 높이의 건축물로도 유명하다.[20]

상상력을 현실로

두바이는 18세기까지 사실상 무인 지대에 가까운 소규모 어촌에 불과했다. 1920년대에 들어서 무역과 진주 채취로 인구가 서서히 증가했고, 이후 석유 시추가 이루어지며 빠른 경제 성장을 이룩하긴 했지만 주변의 이란, 사우디아라비아에 비하면 석유 산출량은 소규모에 그쳤다. 그러다 걸프전 및 2003년 미국의 이라크 침공이 두바이에게 큰 기회가 됐다. 전쟁이 터진 쿠웨이트와 여타 주변국에서 철수한 자본들이 상대적으로 안정되어 있던 두바이로 몰려든 것이다.

두바이는 2000년대 이르러 상상력을 현실로 구현하며 빠른 성장을 이루어 낸다. 적극적으로 해외 자본을 유치해 그동안 없던 혁신적인 시도(특히 부동산 분야에서)를 거듭한 덕이다. 그 대표적 사례가 바로 팜 주메이라다. 2001년에 조성하기 시작해 2009년 완공된 이 인공 섬은 위에서 내려다보았을 때 마치 거대한 야자수처럼 보이는 전경이 특징이다.

섬 안에는 초호화 별장과 아틀란티스 호텔, 페어몬트 호텔 등 세계 유수의 5성급 호텔들이 위치해 있으며, 각종 테마파크와 엔터테인먼트 시설들로 가득 차 관광지로서의 매력을 더하고 있다. 쇼핑몰 내부에 지어진 대형 인공 스키장인 스키 두바이, 세계 최대 수족관 중 하나인 두바이 몰 아쿠아리움 등도 건설 당시에는 불가능하다는 의견이 많았으나 끝내 완공돼 전 세계 관광객과 현지인들의 눈길을 사로잡고 있다.

탈석유의 꿈, 두바이에서 금융으로 피우다

두바이는 탈석유의 꿈을 이뤄내면서도 부국의 지위를 유지한 몇 안 되는 도시다. 2018년 기준으로 두바이 수입에서 석유가 차지하는 비중은 1% 남짓할 만큼 석유 의존도가 낮지만, 1인당 GDP는

60

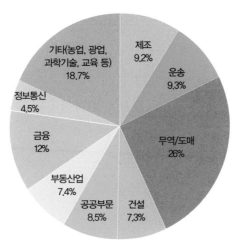

기타(농업, 광업,
과학기술, 교육 등)
18.7%

제조
9.2%

운송
9.3%

정보통신
4.5%

금융
12%

무역/도매
26%

부동산업
7.4%

공공부문
8.5%

건설
7.3%

자료: 두바이 통계청.22

5만~7만 달러 수준으로 추정되고 있다.21 그리고 그 개별 산업구조를 뜯어보면 빈 살만이 그리는 사우디의 미래를 엿볼 수 있다.

두바이의 GDP는 무역 및 도매업이 26%를 차지하고 있으며 이어 2020년 기준 금융업과 제조업도 각각 12%, 9.2%를 차지하고 있다. 그만큼 고른 분야에 걸쳐 국가 경쟁력을 다각적으로 확보하고 있다는 의미다.

단순히 통계상의 숫자만이 아니라 내실을 따져보아도 두바이의 경제적 성과는 알차다. 유명 쉐프인 에드워드 권은 두바이의 부르즈 알 아랍에서 수석 주방장을 맡았다는 사실 하나만으로도 국내외에서 큰 유명세를 얻었다. 실제로 두바이에는 고든 램지의 헬스키친을 비롯해 노부 마츠히사의 노부 등 국내에는 아직 들어오지 않은 호화 레스토랑 체인이 대거 진출해 있다. 그만큼 구매력이 있는 고객의 비중이 서울보다 압도적으로 높다는 의미다.

하이테크 분야에서도 두바이는 세계 선도 도시로 자리매김하고 있다. 세계 최대 블록체인 기업인 바이낸스는 2022년 두바이로 본사를 이전했으며, 후오비와 같은 선두 주자들도 본사 이전을 검토하고 있다.

무엇보다 두바이는 자타가 공인하는 중동 지역 최대의 금융 허브다. 이는 아시아와 유럽, 아프리카 3국을 모두 잇는 지리적 이점을 잘 살려낸 덕분이다. 두바이는 이슬람법을 따르는 중동 지역의 샤리아 금융을 서방의 전통적 금융에 빠르게 접목함으로써 2010년대부터 경쟁자가 없는 금융 허브로 급성장했다. 특히 두바이국제금융센터(DIFC)는 중동에서 비즈니스를 꿈꾸는 금융인이라면 반드시 한번 들러야 하는 '성지'가 되었다.

실리 중심의 국가 경영이 글로벌 허브 이끌어

두바이가 석유 중독에서 일찌감치 벗어나 성공적으로 아랍의 해방구, 금융 허브로 자리매김할 수 있었던 요소는 위에서 언급한 상상력을 제외하고도 두 가지가 더 있다. 이는 모두 빈 살만이 개혁을 통해 이루고자 하는 요소들이며, 이미 두바이는 목표를 달성해 번성하는 중이다.

첫째는 자유로운 사회 분위기다. 일례로 두바이에서는 대부분의 이슬람 국가에서 금기시하는 술과 돼지고기가 허용된다. 두바이에 있는 한국계 호텔 아시아나의 레스토랑에서는 삼겹살과 곁들여 서빙되는 소주가 한국인들의 필수 관광코스로 자리 잡은 지 오래다. 여성들은 히잡이나 차도르를 쓰지 않고 얼마든지 외출할 수 있으며, 종종 탱크탑만 입고 야외에서 땀을 흘리며 조깅하는 백인 거주자들을 자주 볼 수 있다. 다른 나라에서도 풍기문란으로 단속될 수준이 아니라면 대부분의 행동이 허용된다.

단순히 분위기만 자유로운 게 아니라 경제 활동에 대한 낮은 규제도 매력적이다. 두바이에는 소득세가 없으며, 외국인의 경제 활동과 투자에 대한 허들도 매우 낮다. 법인세가 2023년 6월 뒤늦게 도입됐지만 최대 9%에 불과하며 여러 가지 공제를 활용하면 실효세율은 5% 이하라는 분석이 많다. 수십 개의 경제자유구역에 입주하게 되면 외국 기업도 법인세를 전혀 내지 않을 수 있으며, 전담 직원의 도움에 따라 각종 지원을 받을 수 있다.

둘째는 탁월한 국제외교 감각이다. 앞서 말했듯 두바이는 걸프전과 미국-이라크 전쟁의 반사효과를 입으며 1990년대부터 고속성장을 이루었다. 두바이의 모국인 UAE가 바로 인접한 사우디와 건국 이후부터 좋은 관계를 이어간 데다가, 외국에 개방적인 태도를 취하며 중동에 체류하는 글로벌 기업들의 눈길을 사로잡은 덕이다. 대외 분쟁에 개입하거나 목소리 내는 것을 지양하고, 경제를 앞으로 내세워 종교, 이념, 정치에 구애받지 않고 철저히 이익 중심의 외교를 추구하고 있다.

야자수 모양의 인공섬 팜 주메이라는 두바이를 넘어 상상력을 상징한다.[23]

이 두 가지에 힘입어 두바이는 성공적으로 전 세계의 사람들을 빨아들이고 있다. 2022년 기준 두바이의 인구는 350만 명으로 집계됐는데 이 중 UAE 시민권 소지자는 10% 수준인 약 30만 명으로 추산된다.[24] 인구의 90%가 외국인으로 꽉 차 있는 셈이다. 번영하는 경제와 자유로운 사회 분위기, 그리고 상대적으로 중동에서 안정된 정치 외교 환경이 마치 스펀지처럼 주변 인구를 빠르게 빨아들이고 있다. 특히 두바이 인구는 국제 위기를 맞을 때마다 오히려 증가하고 있다. 앞서 말한 이유로 글로벌 자본가와 노동자들의 피난처로 부상하고 있기 때문이다. 미국의 경제 채널 CNBC는 러시아-우크라이나 전쟁으로 양국에서 유출한 국부와 인재들이 두바이로 유입되고 있다는 논평을 2023년 초에 내놓기도 했다.[25]

두바이의 위기, 네옴시티도 품고 있는 숙제

다만 지금의 두바이가 번영만 이어 온 것은 아니다. 두바이는 2008년 금융위기에 가장 큰 타격을 입었던 도시로 꼽힌다. 대규모 자본을 소요하는 부동산 경기 활성으로 성장한 도시인 만큼, 부동산 경기 침체의 여파를 정면으로 맞닥뜨렸기 때문이다. 당시 팜 주메이라를 지은 두바이월드를 포함해 두바이의 공기업 상당수가 모라토리엄(채무 불이행)을 선언했으며, 두바이 자체도 한때 파산 위기까지 몰렸다. 두바이는 UAE의 수도이자 형제 도시인 아부다비의 250억 달러의 긴급 수혈로 위기를 벗어났으며, 2011년부터 점차 회복해 지금과 같은 중동의 경제 수도로 부상할 수 있었다.[26]

문제는 사우디의 네옴시티도 두바이와 유사한 리스크를 항상 지고 갈 수밖에 없는 운명이라는 점이다. 대규모의 투자금을 통해 상상력을 현실화하고, 투자자들과 유능한 외국 인재를 유치하겠다는 발상은 두 도시가 동일하다. 그러나 네옴시티가 두바이에 비해 수 배 내지는 수십 배 큰 규모의 투자를 짧은 기간에 집행하는 만큼, 2008년 두바이에게 닥친 위기가 네옴시티에는 훨씬 더 큰 규모로

두바이의 부동산 공기업인 두바이월드. 팜 주메이라 프로젝트를 성사시키며 한때 중동 지역의 자본력과 부동산 개발 역량을 상징하는 기업이었지만 리스크 관리 부족으로 2009년에는 무려 590억 달러의 모라토리엄을 선언하기도 했다.[27]

닥칠 수도 있다는 우려가 나온다. 이와 관련해서는 이후 상세히 서술할 계획이다.

알고 보면 더 깊이 보이는 중동 국가들의 국가형태

한국 언론들의 국제 뉴스에서는 전제군주정을 택하고 있는 이슬람 국가의 체제를 일괄해서 왕정으로, 그리고 수반을 왕으로 지칭하고 있다. 대부분의 경우 국가 수반들이 국가 내에서 왕과 같은 절대적인 권력을 소유하고 있다는 점을 고려하면 그리 틀린 번역은 아니다. 그러나 우리말로는 '왕국'으로 번역되는 말들의 아랍어 원문과 영어를 살펴보면 이들 국가들의 체제 사이에는 미묘하게 차이가 존재한다.

그중 사우디아라비아는 서방에서 의미하는 전형적인 왕국(Kingdom)의 형태다. 국가 수반은 왕을 뜻하는 단어인 말리크(ملك)라고 불리며, 헌법에 해당하는 사우디아라비아 기본법에 따라 입법, 사법 및 행정의 전 분야에 걸친 절대적 권력을 보유하고 있다. 다만 국왕은 이슬람법인 샤리아와 이슬람의 기본 경전인 쿠란을 준수할 의무를 가지는 만큼 일종의 종교지도자적 성격을 가지며, 이에 따라 공식 명칭에 '두 개의 성지(메카와 메디나)의 수호자'라는 칭호가 함께 붙는 경우도 있다. 또 다른 GCC 국가인 바레인도 왕국을 자칭하고 있다.

사우디의 바로 옆에 붙은 오만도 절대왕정을 선언했지만, 특이하게도 군주를 왕이 아닌 술탄(سلطان), 자신들의 정체를 술탄정(Sultanate)이라 부르고 있다. 술탄이라는 칭호는 아랍어로 '힘'을 의미하며, 후에 서술할 '아미르'라는 단어보다 한 격조 높은 칭호로 분류된다. 이 칭호는 제정일치 사회였던 초기 이슬람 제국에서 종교적 권위자와 세속적 지도자의 역할이 나뉘어지면서 후자를 부르는 명칭으로 자리잡았다. 오늘날 튀르키예의 전신인 오스만 제국의 지도자도 한때는 자신을 술탄으로 자청하기도 했다.

덩치는 작지만 부유한 카타르와 같은 도시국가형 GCC 부국들은 자신들의 국가원수를 아미르(أمير)라고 부른다. 이는 서양의 대공(Prince) 정도에 대응되는 작위로, 우리말로는 토후라고 종종 번역되기도 한다. 초기에는 지방 총독이나 장군을 부르는 명칭이었지만, 이들이 점차 중앙정부의 통제에서 벗어나 작은 왕으로 발전하면서 사실상 소왕과 같은 의미를 띠게 됐다.

오만은 공식적으로 술탄정을 선언하고 있으며, 심지어 국가 또한 '술탄에게 경의를'(Sultanic Salutation)이다.27

더 나아가 아랍에미리트연합국(UAE: United Arab Emirates)의 '에미리트'는 아미르에서 유래한 말로, UAE라는 국명에는 아미르국의 연합체라는 의미가 담겨있다. UAE는 독립적인 7개 국가(아부다비, 아지만, 두바이, 푸라이자, 라스 알 카이마, 샤르자, 움 알 쿠와인)의 연합국으로, 독립주들의 연합으로 출발했던 초기 미국의 역사와 유사하다. 군사와 외교 정도를 제외하고 UAE를 구성하는 각각의 아미르국들은 높은 자유도를 지닌다. UAE의 국가원수로는 가장 영향력이 강한 아부다비의 아미르가 대통령을, 그리고 두바이의 아미르가 부통령을 자동으로 역임하게 된다.

지금은 거의 사용되지 않지만 할리파(خليفة)라는 칭호도 있다. 무함마드 이후의 초기 이슬람 제국에서 종교와 정치적 권위를 모두 보유한 제정일치 절대군주를 부르는 명칭으로, 실권을 보유한 할리파는 8세기까지만 유지가 됐다. 이후 할리파는 오늘날 로마 가톨릭의 교황처럼 실권을 잃은 이슬람의 종교지도자로 남게 됐으며, 일부 지역의 패권국들이 할리파를 자칭하기는 했지만 경쟁국들은 이를 인정하지 않는다. 16세기 이후 오스만 제국의 지도자가 술탄과 할리파를 겸하기도 했으나, 오스만 제국의 멸망과 함께 할리파는 역사 속으로 사실상 사라져 버렸다.

전 세계적인 군벌 조직이었던 IS(이슬람 국가)의 지도자 아부 바크르 알 바그다디는 뒤늦게 21세기에 이르러서 할리파를 자칭하기도 했었으나, 현재 그들의 세력이 몰락하면서 사실상 해당 칭호를 사용하는 제대로 된 정치 세력은 없다.

2

무함마드 빈 살만,
그는 누구인가?

빈 살만에 대해,
좀 더 깊게 알아보기

본 장에서는 네옴시티의 아버지라 불리는 빈 살만이 어떤 사람인지에 대해 좀 더 깊이 들여다보고자 한다. 그가 태어나서 왕권을 잡기까지의 과정을 알아보고, 그의 리더십 방식과 업적을 몇개의 키워드로 정리해 보았다.

그에 앞서 아랍인들, 특히 사우디의 작명법에 대해 간단히 설명하고자 한다. 이번 장은 빈 살만의 생애를 다룬 부분인 만큼 사우디아라비아 왕자들의 이름이 다수 등장한다. 문제는 이 이름이 우리 기준에서는 워낙 긴 데다가, 비슷한 단어가 반복해서 등장하기 때문에 헷갈릴 수 있다는 점이다. 하지만 사우디의 작명법을 알아 두다면 좀 더 쉽게 왕가의 권력 구도와 빈 살만이 권력을 잡아 온 과정을 이해할 수 있을 것이다.

사우디인의 이름은 다음과 같이 구성되어 있다.

본명 + 가족(특히 아버지)의 이름 + 가문의 이름

무함마드 빈 살만 알 사우드(Mohammed bin Salman Al Saud)

빈 살만 왕세자의 이름은 아랍에서 가장 흔한 이름 '무함마드'다. 그의 통칭으로 불리는 빈 살만은 그의 아버지인 현 사우디아라비아 국왕의 이름 '살만'에서 유래한 것으로, 빈 살만은 '살만의 아들'이라는 의미다. 살만 국왕은 현재 13명 이상의 자녀를 둔 것으로 알려졌는데, 이 중 12명의 아들의 미들 네임은 모두 '빈 살만'이다. 마지막으로 알 사우드는 사우디 왕가 소속임을 의미한다.

혼동을 막기 위해, 현 사우디아라비아의 왕세자를 본서에서는 계속해서 '빈 살만'으로 호칭해 왔고, 앞으로도 그럴 계획이다. 엄밀히 말하면 무함마드 빈 살만, 혹은 무함마드라고 부르는 편이 좀 더 정확하겠지만 지나치게 길어지는 데다가 독자들이 익숙치 않을 수 있기 때문이다.

사우디의 모든 스토리는 '이븐 사우드'에서 출발한다

세계 최대의 산유국, 1만 명이 넘는 왕족들이 높이 대우받는 유일한 국가, 그리고 빈 살만의 드라마틱한 집권 스토리까지. 사우디아라비아는 현대 OECD의 일원보다는 오히려 〈아라비안나이트〉에 나오는 신화 속 국가와 닮아 보인다. 불과 10년 전만 해도 언론의 왕위 계승 서열에서 이름조차 언급되지 못했던 빈 살만 왕세자가 지금의 강력한 지도자로 부상한 이야기는 왕이 존재하는 다른 국가들 예컨대 영국, 일본, 스페인 등에서도 상상하기 어렵다. 왜 사우디는 특별한가? 어떻게 빈 살만은 순식간에 일개 왕자에서 왕세자로 부상할 수 있었는가? 모든 이야기는 사우디 왕국의 개조, 이븐 사우드로까지 올라간다.

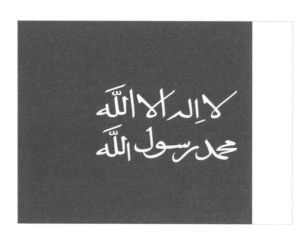

디리야 토후국의 깃발.[1]

알 사우드 가문은 1700년대부터 두각을 드러내던 사우디 중부 지역의 토호 집안이었다. 용맹한 전사였던 무함마드 빈 사우드 알 무크린(Muhammad bin saud Al Muqrin)은 당시 아라비아반도에서 큰 인기를 끌던 이슬람 원리주의적 종교 개혁 운동 와하비즘과 손을 잡고 디리야(Diriyah) 토후국을 설립했다. 이후 후손들은 그의 이름을(엄밀히 말하면 그의 아버지의 이름을) 따 알 사우드(Al Saud) 가문이라고 불리게 되었다.

이후 사우드 가문은 대를 이어 세력을 확장해 나갔다. 그러나 당시 이슬람 세력 중 최강의 군대를 보유하고 있던 오스만튀르크 제국이 사우드 가문을 눈엣가시로 여기고 병사를 파견, 1818년 디리야 토후국은 멸망하게 된다.

그러나 사우드 가문은 포기하지 않고 1824년 아라비아반도 중부와 동부, 오늘날의 UAE 지역에까지 세력을 넓힌 새로운 왕국을 세우는데 이것이 바로 네지드(Nejd) 토후국이다. 네지드 토후국은 오스만튀르크로부터 수도인 리야드를 되찾았지만, 내분과 반란으로 세력이 약화됐다가 1891년 주변국들의 침략으로 끝내 몰락하고 만다.

두 차례의 실패에도 굴하지 않고 사우드 가문은 다시 일어나 1902년에는 리야드를 탈환, 1922년에는 네지드를 수복, 1925년에는 헤자즈 지역을 장악하는 데 성공한다. 1932년경에는 마침내 아라비아반도의 대부분을 차지하며 사실상 오늘날 사우디아라비아의 국경선을 확정 짓는다.

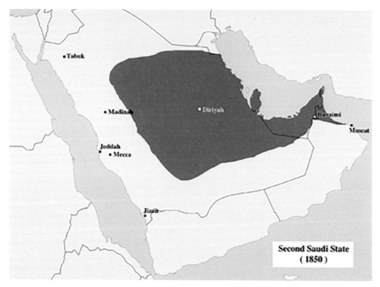

1850년경 네지드 토후국의 강역.[2]

이렇게 사우드 가문을 이끌어 오늘날 사우디아라비아의 전신을 만든 인물이 압둘아지즈 빈 압둘 라흐만 알 사우드(Abdulaziz bin Abdul Rahman Al Saud), 이른바 '이븐 사우드'다. 무려 키가 195cm에 달했던 사우디아라비아의 전설적인 첫 국왕은 향후 사우디의 정체성을 결정하는 두 가지 핵심 원칙을 세워, 후손들의 미래를 어느 정도 결정해 놓았다.

첫번째, 처음에는 영국, 이후에는 미국으로 상징되는 앵글로색슨계 서방 패권 세력과 우호 관계를 맺었다는 점이다. 사우디아라비아는 반미 정서가 들끓는 중동 지역에서 유독 친미적인 국가로 유명하다. 그도 그럴 것이 이븐 사우드 국왕은 아라비아반도를 통일

오늘날 사우디아라비아라 불리는
왕국의 토대를 놓은 이븐 사우드.[3]

하는 과정에서 영국의 지원을 받아, 이후로도 우호적인 관계를 쌓았기 때문이다. 1939년 이븐 사우드 국왕은 처음으로 미국에 석유 수출을 허락했고, 1945년에는 사우디에 미군 기지 설치를 승낙하며 영국과의 동맹을 미국과의 동맹으로 대체했다.

두번째는 형제 계승의 원칙이다. 원래 이븐 사우드의 후계자는 장남인 투르키 왕세자였으나 그가 급사함에 따라 후계 구도가 복잡해졌다. 이븐 사우드는 차남이었던 사우드 빈 압둘아지즈 알 사우드를 왕세자로 지정했으나, 차차기 왕으로는 왕세자의 동생인 파이잘을 지목하고 사망했다. 이븐 사우드의 사망 이후 사우드 왕세자가 국왕으로 즉위하였으며, 파이잘은 왕세제(王世弟)가 됐다가 사우드의 사망 후 국왕으로 즉위했다. 이때의 전통이 남아 사우디아

사우디아라비아의 2대 왕인 사우드
빈 압둘아지즈 알 사우드 왕의 초상.[4]

라비아는 부자 상속이 아닌 이븐 사우드의 아들 사이의 형제 상속
이 이어지게 된다. 빈 살만은 이런 전통의 최대 수혜자이며, 동시에
이 전통을 끝낸 인물이기도 하다.

빈 살만은
어떻게 사우디의
No.2가 되었나?

사우디 왕위 세습과 늙어 가는 압둘라 국왕

많은 왕국들이 초기 단계에서는 왕위 상속 원칙으로 부자 상속이 아닌 형제 상속제를 택하곤 한다. 왕과 그 아들의 나이가 최소 20년 가까이 차이 나는 만큼, 왕권이 안정돼 있지 않은 국가에서는 젊은 왕이 급사해 어린 아들에게 왕위가 넘어갈 경우 대규모의 혼란과 권력 공백 상태가 발생하기 때문이다. 초기의 고구려나 백제가 그랬으며, 고려 또한 한동안 태조 왕건의 아들이 돌아가며 왕을

사우디아라비아의 3대 왕인 파이잘. 형인 사우드 왕의 뒤를 이으며 사우디아라비아의 형제 세습 전통의 기틀을 닦았다.[5]

물려받았다.

사우디아라비아 또한 아직 만들어진 지 70년밖에 되지 않는 나라인만큼 초대 국왕인 이븐 사우드의 아들들이 돌아가며 왕을 맡아 왔다. 구체적으로는 2대 국왕인 사우드 왕(1953~1964 즉위), 3대 파이잘 왕(1964~1975), 4대 칼리드 왕(1975~1982), 5대 파하드 왕(1982~2005), 6대 압둘라 왕(2005~2015), 그리고 지금의 살만 왕(2015~)까지 총 일곱 명의 왕이 즉위했다. 문제는 가장 젊은 축에 속하는 사우드의 직계 자녀들 또한 이제 80대에 이른 데다, 대부분 사망했거나 노환을 앓고 있었다는 점이다. 현실적으로 압둘라 왕 즉위 이후부터 왕가에서는 더 이상 이븐 사우드의 자식이 왕위를 물려받지 못할 수도 있다는 의견이 흘러나오고 있었다.

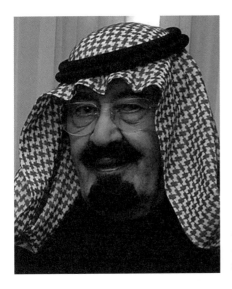

살만 전대 국왕인 압둘라 왕. 그의 자식과 가신들은 빈 살만의 가장 강력한 반대자였다.[6]

다만 부자 세습으로의 전환도 사우드 가문에게는 쉬운 과제가 아니었다. 2~6대 국왕이 모두 이븐 사우드의 적통인 만큼 이들의 자식, 즉 이븐 사우드의 직계 손자들 모두 이론상 왕위 계승권을 주장할 수 있었기 때문이다. 국왕에 즉위한 이들의 생모가 대부분 서로 다르다는 사실도 왕자들 간의 의견 일치를 어렵게 하는 요소였다.

이 와중에 2010년대부터 압둘라 왕의 건강이 급격히 악화되고, 왕세제였던 그의 형제 술탄과 나예프가 차례로 사망하면서 큰 결함이 없던 살만이 후계자로 급속히 부각된다. 이 승계가 순조로웠던 것은 아니다. 살만 왕이 1935년생으로 상대적으로 고령이었던 만큼, 그의 건강에 대한 의문이 왕자들 사이에서 꾸준히 제기되었던 것이다. 이븐 사우드의 손자 항렬에서는 '드디어 사우디 왕가가 다음 항렬로 왕위를 계승할 때가 됐다'며 새로운 왕세자의 자리를 노리는 야심가들이 등장했다. 종종 이름이 거론되었던 인물 중 하나는 압둘라 국왕의 아들인 투르키 빈 압둘라, 그리고 사망한 나예프 왕세제의 아들 무함마드 빈 나예프, 이른바 MBN이었다. 특히 압둘라 왕의 가신단은 투르키 빈 압둘라 등, 압둘라 왕의 아들을 강력하게 지지하는 눈치였다.

살만, 압둘라 파벌의 반대를 무찌르고 왕위에 오르다

2015년 1월 23일, 숙환으로 압둘라 국왕이 별세한다. 왕자들과 궁정 신하들은 빠르게 이해타산을 계산했지만, 가장 신속하게 기회를 잡은 인물은 압둘라 국왕의 동생이었던 살만 왕자였다. 그는 자신의 이복 동생인 무크린, 그리고 전대 왕세제의 아들인 MBN 등과 연합해 왕자들의 동의를 이끌어 내고 신속하게 새로운 왕으로 즉위하는 데 성공한다. 압둘라 국왕의 비서실장이었던 투와이즈리를 필두로 압둘라 국왕의 자녀들과 전 국왕의 가신단에서는 반대하는 목소리가 높았으나, 살만 세력은 전 국왕의 가신들을 신속히 궁궐에서 내쫓는 방식으로 이들을 제압했다.

당시 20대의 젊은이였던 빈 살만이 아버지 살만 국왕을 도와 압둘라 국왕의 가신단을 제압할 계획을 세우고 배후에서 총 지휘를 맡았으며, 이 공로를 인정받아 빈 살만은 살만 국왕 즉위 후 국방 장관으로 취임하게 된다.

빈 살만, 사우디 군의 통수권자가 되다

이제 드디어 본 장의 주인공인 빈 살만의 이야기다. 1985년생인 그는 살만 국왕의 여덟번째 자식으로, 어렸을 때는 사우드 가문은 고사하고 살만의 자식들 중에서도 돋보이는 왕자가 아니었다. 그는 세번째 부인의 아들인 데다, 살만 국왕이 50세에 얻은 늦둥이인 만큼 그 위로 장성한 형들이 여섯이나 줄줄이 있었다.

빈 살만은 10대 후반부터 타고난 총기와 우수한 경영 능력으로 아버지의 눈길을 사기 시작했다. 여러 차례 사업 경영과 비즈니스 투자를 통해 큰 돈을 벌기도 했으며(다만, 이 투자와 경영이 실패였다는 소문도 있다), 킹 사우드 대학을 우수한 성적으로 입학 및 졸업하면서 본인의 능력을 입증했다. 졸업 후에는 잠시 동안 금융 컨설팅 분야에서 경험을 쌓기도 했다.

아버지인 살만은 왕위에 오르기 전인 1955년부터 2011년까지 무려 56년간을 사우디의 수도 리야드의 주지사로 부임했다. 이 경력은 빈 살만에게 큰 자산이 됐는데, 그는 2009년 리야드 주지사의 자문을 맡으며 사우디 정계에 일찌감치 진입할 기회를 얻었다. 각종 실무를 매끄럽게 처리해 아버지의 신임을 얻은 그는 마침내

빈 살만은 아버지 살만 국왕의 즉위에 힘입어 사우디 정계의 실세로 빠르게 부상하기 시작했다. 특히 국방 장관으로 예멘 내전에 개입하며 두각을 드러냈다.[7]

아버지의 즉위와 동시에 사우디아라비아의 국방 장관 자리에 오른다.

빈 살만은 국방 장관이 된 직후부터 예멘 내전에 대한 적극적 개입을 천명하며 두각을 드러낸다. 전시 상황에서는 비둘기파보다 매파가 눈에 띄는 법이다. 수니파 예멘 정부가 2015년 말, 시아파 후티 반군에 의해 수도 사나에서 밀려나면서 수니파 이슬람의 맹주로 자처하던 사우디 정부가 가만히 있을 수 없는 상황이 됐다. 사우디 각료들 또한 빈 살만의 적극적 군사개입에 동의의 목소리를 내어 사우디군이 본격적으로 참전해 예멘 정부군을 지원하기 시작했다.

그러나 사우디군은 세계 최첨단 무기로 무장했음에도 사병들의 낮은 사기와 훈련도가 작전 수행을 어렵게 만들었다. 그리고 후티 반군이 철저하게 결사 항전을 외치며 예멘에서의 거점을 견고히 지켜 나가면서 내전은 현재까지 계속되고 있다.

그럼에도 불구하고 예멘 내전을 수행하면서 빈 살만은 큰 이득을 얻었다. 그 이득이란 정부의 군권을 장악하는 데 성공했다는 것이다. 사우디아라비아는 전제군주정이지만, 일부 실세 왕자들은 중세 시대 영주처럼 독립된 자신만의 막대한 자산, 그리고 '경호원'이라고 불리는 수십 명 내지 수백 명 단위의 사병을 보유할 수 있다. 그러므로 유사시에는 왕좌를 두고 내전이 발생할 수 있는 상황에서 군권을 장악했다는 사실은 빈 살만에게 막대한 힘이 되었다.

이후에도 빈 살만은 이라크 출신의 극악무도한 테러 단체인 IS를 견제하기 위한 이슬람 국가들의 동맹, 이슬람군사대테러연합(IMCTC) 회의를 주도하고 트럼프 미국 대통령과 살만 국왕 간의 대담에서 자신만의 목소리를 내는 등 국제사회에서 스스로의 존재감을 서서히 부각시켜 나간다.

야심 드러낸 빈 살만, 권력을 향해 질주하다

살만 국왕의 즉위 이후 빈 살만은 사우디아라비아의 실권 장악을 위해 빠르게 움직인다. 아버지의 절대적인 신임과 본인의 추진력을 기반으로 경쟁자들을 몰아내기 시작한 것이다. 2015년 4월,

2017년 6월, 도널드 트럼프 미국 대통령은 첫 순방지를 사우디로 택해 살만 국왕과 빈 살만 왕세자에게 무게를 실어주었다. 사진 왼쪽에서부터 압델 파타 엘시시 이집트 대통령, 살만 사우디 국왕, 멜라니아 트럼프 미국 영부인, 도널드 트럼프 미국 대통령.[8]

살만 국왕은 공식적으로 자신의 왕세자로 MBN을 그리고 빈 살만을 부 왕세자로 지목했다. 불과 3~4년 전만 해도 알 사우드 가문이라는 사실 외에는 거의 알려져 있지 않던 빈 살만이 이제 사우디 공식 권력 서열 3위까지 순식간에 뛰어오르며 전 세계의 주목을 받기 시작했다. 영국의 언론 〈텔레그래프〉는 2015년 12월, 독일 정보국인 BND 보고서를 인용해 2016년 말 사우디가 빈 살만을 왕위 후계자로 지목할 수 있다는 보도를 내놓기도 했다.[9]

다만 빈 살만이 왕권을 장악하기 위해 가야 할 길은 아직 멀었다. 수십 년간 사우디와 미국의 우호 관계에서 중요한 역할을 해 온 사촌 형 MBN은 왕가 안팎에서 신임을 받는 인재였다. 전임 국왕인 압둘라 국왕의 측근들과 왕자들도 빈 살만에게 복수의 칼을 갈고 있었으며, '아랍의 워런 버핏'으로 알려진 사촌 형 알 왈리드 빈 탈랄 또한 빈 살만에게 우호적인 인물은 아니었다.

2017년 6월, 살만 국왕은 공식적으로 빈 살만을 왕세자로 지명하며 자신의 아들의 세습을 공식화했다. 한 달 앞선 5월, 도널드 트럼프 미국 대통령은 첫 해외 순방지를 사우디로 결정, 리야드에서 살만 국왕과 빈 살만을 접견했다. 행사의 주요 의제와 구체적인 식순 모두 빈 살만이 면밀히 준비했으며, 일설에 따르면 트럼프 행정부는 이 당시 빈 살만의 왕세자 지명을 미리 듣고 사실상 묵인하는 데에 동의했다고 한다. 다만 왕세자가 교체됐다고 해서 바로 빈 살만의 권력 구도가 공고해지는 건 아니다. 결정적인 순간은 같은 해 말에 찾아왔다.

2017년 11월 4일, 대숙청의 날

2017년 11월 4일, 이른바 대숙청(The Purge)의 막이 올랐다. 리츠칼튼 호텔은 빈 살만 왕세자 개인의 인생에서 특히 중요한 장소이다. 2017년 5월에는 이곳에서 도널드 트럼프 대통령을 접견하며 사우디 왕세자 직위를 국제 사회에서 사실상 승인받았고, 한 달 전에는 네옴시티 프로젝트를 발표하며 전 세계의 주목을 끌었다. 바로 이런 상징성 때문이었을까. 빈 살만은 반대파, 특히 왕족들을 숙청하는 장소로 또다시 리츠칼튼 호텔을 지목하며 왕국 내 주요 반대 세력을 모두 제거한다.

그는 무력을 동원해 자신의 반대 파벌의 주요 인물 380여 명을 모두 리츠칼튼에 구금하고, 이들의 자산을 동결시켰다. 수행원까지 포함해 약 500여 명이 구금됐고 2,000여 개의 계좌에서 3000~4000억 달러에 달하는 막대한 자금이 동결됐다. 이 당시 구금된 인물 중 굵직한 유명 인사들은 다음과 같다.

왕족

▲ 무함마드 빈 나예프(MBN): 빈 살만의 사촌 형이자 살만 국왕의 첫 왕세자.

▲ 알 왈리드 빈 탈랄: 빈 살만의 사촌 형으로 '아랍의 워런 버핏'이라 알려진 중동 최대의 투자 사업가.

▲ 칼리드 빈 탈랄: 알 왈리드의 친 동생.

▲ 투르키 빈 압둘라: 압둘라 국왕의 아들로 압둘라 파의 주요 인물. 전직 리야드 주지사.

▲ 무타이브 빈 압둘라: 압둘라 국왕의 아들로 압둘라 파의 주요 인물. 전직 국방 장관으로 체포 당시 사우디아라비아 방위군의 사령관이기도 했음.

기타 인물

▲ 바크르 빈 라덴: 오사마 빈 라덴의 이복 형이자 사우디 최대 건설사인 빈 라덴 그룹의 총수.

▲ 칼리드 알 투와이즈리: 압둘라 국왕의 비서실장이자 압둘라 파의 주요 인물.

▲ 무함마드 알 토바이시: 압둘라 국왕의 의전실장이자 압둘라 파의 주요 인물.

▲ 압둘라 빈 술탄 빈 모함메드 알 술탄: 체포 당시 사우디 해군 사령관.

구금된 인물들은 부패 혐의로 대부분 기소됐으며, 이들 중 일부는 빈 살만에게 충성 맹세를 하고 풀려났고, 또 다른 일부는 가택 연금에 들어갔다. 확실한 건 이날 구금된 이들 대다수는 고문과 심문으로 재산과 지위를 잃어버려 이후 사우디 정계에 별다른 영향력을 행사할 수 없게 되었다.

대숙청을 통해 빈 살만은 세 가지를 얻었다는 평을 듣는다.

첫째, 사우디 왕가 및 정부에 대한 절대적 장악력이다. 아버지, 살만 국왕의 최대 맞수였던 압둘라 국왕 파벌과 자신의 최대 맞수였던 MBN을 숙청해 없애 버렸다. 더 나아가 사우디의 무력 전체를 장악하는 일에도 성공했다.

대부분의 현대 국가에서 군권이 통일되어 있는 것과는 달리, 사우디의 군권은 그동안 여러 갈래로 분산돼 있었다. 정규군을 통솔하는 국방부와 사우디아라비아 방위군(SANG)을 통솔하는 국가방위부, 그리고 사우디 왕실 근위대 등이다. SANG는 사우드 가문에 충성을 하는 부족으로 이뤄진 지역 단위 조직으로 약 15만 명에 달하고 있다. 왕실 근위대는 형식상으로 국방부 소속이긴 하지만, 별도의 편제와 지휘체계를 갖고 있다. 이렇게 다각적인 부대들이 있는 관계로 그동안 사우디 왕자들 간에 일종의 봉건체제와 유사한 형태가 유지됐었다. 그러나 빈 살만은 SANG 사령관인 무타이브 빈 압둘라 등 자신의 권력 장악에 방해가 되는 인물들을 모두 숙청한 후 군권을 전부 장악하는 데 성공했다.

둘째, 막대한 자산의 확보다. 2017년 대숙청으로 빈 살만은 약 3000~4000억 달러 수준의 자산을 확보한 것으로 알려졌다. 구금

아랍의 워런 버핏으로 불리는 알 왈리드 왕자. 국왕을 제외하고는 사우디아라비아에서 가장 유명한 인물이었지만 그 또한 빈 살만의 숙청을 피할 수는 없었다.[10]

한 사우디 왕족과 기업가 중 상당수가 보석금으로 어마어마한 돈을 내고 겨우 풀려나거나, 혹은 자산 동결로 전 재산을 빼앗긴 탓이다. 살만 국왕은 즉위 당시만 해도 이븐 사우드의 직계 아들 중 '상대적'으로 자산이 적은 인물로 알려졌다. 국왕 본인이 종교적 인물로 과도한 축재를 피하고, 자주 기부를 한 탓이다. 빈 살만은 이런 약점을 순식간에 수복한 데다가, 더 나아가 네옴시티를 비롯해 빈 살만이 추진하는 개혁의 재원 상당수를 넉넉하게 확보한 셈이다.

셋째, 반부패라는 기치로 끌어낸 대중들의 지지다. 사우디아라비아의 부패인식지수는 2019년 기준으로 53점, 총 180개국 중 51위를 기록했다.[11] 이는 OECD 국가 중 하위권에 해당하는 점수로, 어찌 보면 국가 자체가 사실상 왕가인 사우드 가문의 사유물이라는 점을 고려하면 당연한 일이다. 소득 불평등 수준을 나타내는 지니계수 또한 0.459를 기록했는데,[12] 이는 멕시코, 중국 등과 비슷한 수치로 매우 심각한 수준이다. 즉, 국민 대다수가 빈부격차와 부패로 힘들어하는 상황에서, 부를 독점한 일부 왕자들의 숙청은 대중의 지지를 이끌어 낼 수 있는 좋은 정치적 이벤트였던 것이다.

대숙청 이후 빈 살만은… '대도무문'

대도무문(大道無門). '용감하게 돌진하는 사람에게는 거칠 것이 없다'는 사자성어처럼 대숙청 후 빈 살만의 행보는 숨이 가쁠 지경이다. 네옴시티에 본격적으로 드라이브를 걸어 하부 프로젝트를 잇따라 발표하며, 각종 사회 및 경제 개혁 정책도 내놓고 있다. 해당 발표들이 단지 선언에 그치는 게 아니라 실제 실행으로 이어져 사우디 내부에서는 그에게 큰 기대를 품는 사람들도 점차 늘어나고 있다.

2022년 9월, 빈 살만은 살만 국왕으로부터 사우디아라비아의 총리로 인정받으며 공식적으로 행정부 수장 자리에 올랐다. 전통적으로 사우디 국왕이 총리를 겸임했다는 점을 고려하면, 이는 빈 살만 왕세자의 즉위를 앞둔 마지막 요식행위라고 볼 수 있을 것이다. 1935년생인 살만 국왕은 2023년 현재 88세로, 지난해 엘리자베스 2세가 별세하면서 세계 최고령 군주로 군림하고 있다. 나이에 비하면 상대적으로 건강하다는 평이긴 하지만, 워낙 고령인 만큼 이런 저런 염려가 나오는 것도 기우는 아니다. 과연, 우리는 '국왕' 무함마드 빈 살만을 언제쯤 볼 수 있을까?

빈 살만의
리더십 스타일

개혁 군주이자 계몽 군주

이 단어가 20세기도 아닌 21세기에 튀어나오는 것이 과연 적절한지에 의문을 품는 독자들도 있을 것이다. 그러나 사우디아라비아는 전 세계에 남은 몇 안 되는 절대왕정 국가로 국왕의 힘과 영향력이 절대적이다. 전대인 압둘라 국왕 때까지는 이븐 사우드의 자식들이 돌아가며 이은 탓에 힘센 왕자들의 과두정과 같은 요소도 있었으나, 빈 살만이 반대파를 모두 숙청하면서 오히려 사우디의

1979년, 민병대가 장악한 메카의 모스크를 진입하고 있는 사우디군.[13]

왕권은 더 강력해졌다는 평가를 받는다.

　빈 살만은 이렇게 강력해진 왕권을 토대로 사우디아라비아를 근본부터 개혁하고자 하고 있다. 그동안에도 사우디에 개혁의 목소리가 없었던 것은 아니다. 그러나 사우디 내의 보수·종교 세력의 반발에 부딪혀 도로 신정주의적 폐쇄국가로 돌아가곤 했다. 1960년대와 1970년대 국왕 주도로 완화되는 듯했던 사우디의 보수성은 1979년 그랜드 모스크 포위 사건 이후 다시 강화됐다.

　1979년 11월, 주하이만 알 오타이비가 수백 명에 달하는 이크완(Ikwan) 민병대를 이끌고 이슬람 최대의 성지인 메카의 그랜드 모스크를 장악, 2주에 걸친 총격전 끝에 사살됐다. 오타이비는 극단주의 성향의 성직자로 반서방과 고대 이슬람 사회로의 복귀를 외치는 인물이었는데, 문제는 그의 주장에 생각보다 많은 사우디인이 동조했다는 점이다. 한때 사우디 건국의 핵심이었던 이크완이 오타이비의 편을 들었다는 사실도 왕가에 충격을 주었다. 유목민 중심의 민병대인 이크완은 종교적 열정, 특히 와하비즘에 근거한 믿음을 토대로 이븐 사우드의 아라비아 정복에서 선봉장으로 맹활약을 한 바 있다. 이는 사우디의 건국 세력조차도 왕가의 친서방 정책에 반발을 하고 있다는 의미로 받아들여졌다.

이에 사우디 정부는 보수주의자들의 주장에 동조하는 모습을 보이며 대중을 달래려 들었다. 당시 군주였던 칼리드 국왕은 신문 및 TV 등 매스미디어에 여성이 얼굴을 출연하는 일을 금하고, 종교 지도자인 울레마에게 보다 큰 권한을 위임하며, 영화관과 음반 상점을 닫아버리는 등의 강경 보수 조치를 실행한다. 이 사건으로 인해 사우디 사회는 수십 년간 극단적으로 경직되어, 결국 OECD 국가 중 가장 보수적인 국가라는 오명을 얻게 된다.

빈 살만은 이렇게 얼어붙어 버린 사우디를 적극적으로 계몽하고 개혁하고자 안간힘을 쓰고 있다. 한두 개의 정책이나 어젠다로는 변화가 불가능하다고 판단하고, 사우디 사회의 근본과 가치관부터 모두 현대 국가에 맞는 방식으로 뒤집어엎기를 바라고 있다. 그리고 그가 꿈꾸는 새로운 사우디아라비아의 핵심 가치를 녹여 놓은 곳이 바로 네옴시티다.

빈 살만은 이런 목표를 위해 자신의 반대파를 무자비하게 숙청하고, 옳다고 생각되는 정책을 밀어붙이는 방식으로 일고의 타협 없이 개혁 정책을 강요하는 중이다. 그의 지지자들은 사우디 사회가 워낙 경직된 탓에 이렇게라도 하지 않으면 개혁이 실패할 수밖에 없다고 옹호하고 있다. 그동안 여러 국왕들이 사우디 개혁을 외쳤음에도 끝내 보수파들의 반발에 좌초했던 과거를 돌이켜보면, 근거 없는 옹호는 아닌 셈이다.

빈 살만의 개혁 정책의 배후에는 젊은 층들의 열광적인 지지도 있다. 실제로 저자가 직접 인터뷰한, 사우디아라비아를 다녀온 한 젊은 스타트업 기업가는 "빈 살만의 개혁 정책에 대한 젊은 층의 신뢰도가 절대적이다"라며 "그동안의 사우디아라비아와는 다른 무언가를 해낼 것"이라 믿는 사회 분위기가 만연하다고 구술했다. 정부가 손쉽게 컨트롤 할 수 있는 TV, 신문 등의 영향을 받았던 부모 세대와 달리 사우디아라비아의 MZ세대는 최신 IT 기기와 SNS를 통해 필터 없이 넓은 세상을 본다. 폐쇄적이고 경직된 사회에 염증을 내고 있는 그들에게, 빈 살만의 개혁 정책은 신선함 그 자체로 다가오고 있다.

친서방 성향

유력한 사우디 왕자들은 학부부터 석사, 박사를 모두 해외 명문대에서 수료 후(대부분 기여입학의 힘을 빌린다는 건 공공연한 사실이다), 졸업자 네트워킹을 통해 국제 사회에 데뷔하는 식으로 커리어를

빈 살만의 최대 정적으로 꼽혔던 사촌형 무함마드 빈 나예프. 미국에서 공부하고 수십 년간 미국과의 외교 정책을 주도했다.[14]

시작하는 경우가 많다. 빈 살만의 전임자인 MBN이 대표적인 사례로, 그는 미국 루이스 앤 클락 대학에서 공부하고 돌아와, 사우디 외교가의 대표적인 미국통으로 수십 년간 봉직했다.

반면 빈 살만은 유력 왕자인 살만의 아들이라는 신분을 생각하면 이례적일 정도로 국내에서만 대부분의 커리어를 쌓았다. 그는 킹 사우드 대학을 졸업한 후 약간의 민간 기업 경력을 거쳐 곧바로 리야드 주지사의 보좌관을 역임하며 곧바로 사우디 정계에 뛰어들었다.

앞서 말했듯 그의 학업 성적은 탁월한 편이었다고 전해진다. 사우디와 같이 폐쇄적인 국가에서 교육받고 자란 수재들은 크게 두 가지 길을 걷는다. 첫째는 자신만의 세계에 갇혀 외부의 세계와 다른 문물을 거부하는 우물 안 개구리의 길이다. 이런 유형은 세상의 변화를 거부하고 자신만의 논리만에 갇힌 철저한 수구주의자, 혹은 반동분자로 성장하는 경우가 허다하다. 사우디에서 배출된 수많은 이슬람 극단주의 테러리스트가 그 좋은 예다.

둘째는 자신이 보지 못한 바깥 세계에 대한 갈망으로 통찰력을 기르고, 진취적인 사고를 길러 대변혁을 주도하는 인물들이다. 일본의 메이지 유신을 이끌었던 사람들이 그 좋은 예다. 빈 살만은 후자에 해당하는 전형적인 인물이다. 주로 아라비아반도에서 성장기를 보냈지만, 서방 세계에 대한 통찰과 갈망으로 사우디아라비아의 혁신을 주도해 내고 있기 때문이다.

빈 살만은 통치 구조와 거버넌스를 제외하고는 서방 세계에 대한 이해도가 매우 높은 인물로 꼽힌다. 그동안의 사우디아라비아는 이슬람과 사우드 가문 중심의 절대왕정, 그리고 보수주의와 친미주의가 기묘하게 결합된 사회로, 세계 어디에서도 비슷한 사례를 찾기 어려웠다. 사우디아라비아에서 추진되는 경제 사회 정책은 자본주의라기보다, 오히려 중세나 근대의 절대왕정과 비슷한 느낌을 주었다. 반면 빈 살만은 바깥 세상, 특히 서방 세계의 근간을 이루는 가치들인 자본주의, 실용주의, 성과주의에 매우 친숙한 인물이다.

서구 컨설턴트의 조언을 신뢰하는 지도자

빈 살만은 서방의 싱크탱크들, 그중에서도 민간 컨설팅 회사를 신임하고 일을 자주 맡기는 업무 스타일로 유명하다. 기존 사우디 국왕과 고관들이 자신의 가신단으로 이루어져 있는 밀실 그룹, 이른바 섀도우캐비닛(Shadow Cabinet)에 의지했던 구습과는 비교된다. 사우디를 근본부터 바꾸기 위해서는 기존의 관성을 멀리해야 한다는 의지의 표현일까? 빈 살만의 주요 정책은 세계 3대 컨설팅 펌 중 두 곳, 맥킨지와 보스턴컨설팅그룹(BCG)의 전문가들이 오랜 시간을 들여 완성한 것으로 알려졌으며, 이 밖에 금융 컨설팅 회사 올리버 와이만도 빈 살만의 주된 자문자 중 하나다. 그는 손수 PPT 작업을 지시하는 걸 즐기며, 구체적인 수치를 읽고 외우는 능력이 탁월한 것으로도 알려져 있다.

빈 살만은 종합 컨설팅 회사 외에 기능별 컨설팅 회사도 널리 활용하고 있다. 일례로 자기 자신과 사우디의 국가 브랜딩을 위해 세계적인 PR 에이전시 에델만을 고용해 오랜 기간 자문을 받고 있다. 또한 세계 최대 군사 자문 기관이자 용병 단체(PMC)인 블랙워터사[15]를 고용해 2017년 대숙청을 치밀하게 계획하였으며, 또 다른 미국계 PMC인 티어원그룹(Tier 1 Group)을 통해 자신의 친위 부대 타이거 스쿼드를 육성했다는 소문도 있다.

과감한 승부사

빈 살만을 상징하는 또 하나의 단어는 승부사다. 사실상 왕위 계승권도 없는 일개 왕자이던 그를 미래 사우디의 국왕으로 만들어준 것은 과감한 결단과 실행력이었다. 압둘라 국왕 서거 직후 살만 왕자가 국왕에 오른 일, MBN의 제거, 2017년 대숙청 등이 그 결과다. 빠르게 상황을 파악하고 자신의 편을 조직해 신속하게 업무를 수행하는 능력은 사우디 왕자들 중 최고 수준이다.

그는 승부사인 만큼 위기에 봉착할 때마다 과감한 승부수를 걸고, 이를 통해 최대한의 이득을 얻어내는 일에 능숙하다. 네옴시티도 사우디의 미래를 건, 거대한 하나의 승부라고 볼 수 있을 것이다.

정치판 이외에도 그의 승부사 기질은 곳곳에서 발현된다. 앞에서 언급했듯, 빈 살만은 2016년과 2018년 두 차례에 걸쳐 한국계 일본인 손정의가 이끄는 초대형 벤처캐피털, 비전펀드에 사우디 국부펀드 PIF의 자금 900억 달러를 투자한다. 비전펀드는 전 세계 벤처캐피털 중 가장 유명한 기관이기도 하지만, 원화로 100조 원에 가까운 돈을 한번에 투자한 사례는 극히 드물다. 신기술과 벤처투자 등에 관심이 많기로 유명한 빈 살만이 국가의 부를 미래의 신성장 산업에 세게 베팅하며 당시 전 세계 벤처투자 시장은 크게 술렁이기도 했다.

다만, 이 베팅이 과연 장밋빛으로 결말을 지을지는 좀 더 지켜봐야 한다. 한때 비전펀드 수익률은 크게 치솟기도 했지만, 코로나 여

캘리포니아 실리콘밸리에 있는 비전펀드의 사무실.16

파로 전 세계 경기가 침체를 맞으며 실적이 곤두박질친 탓이다. 2021년에는 26조 원, 그리고 2022년에는 42조 원의 투자손실이 발생하며 동 펀드의 실적은 점점 악화되고 있다. 빈 살만이 두 차례 건 승부가 어떤 결론을 가져다 줄지, 시간만이 알려 줄 전망이다.

실용주의자이자 자유주의인 '독재자'?

빈 살만은 실용주의자이자 자유주의적 개혁을 이끌고 있는 인물이지만 동시에 피의 독재자라는 비판을 동시에 받고 있다. 자유주

의와 독재라는 단어는 마치 불과 얼음 같아서 두 개념이 어떻게 병
존할 수 있는지 의문이 들 수도 있다. 하지만 사실 이는 이슬람 문
화권에서 흔히 있는 일이다. 개혁 성향을 가진 독재자, 또는 절대
군주가 사회 전반에 만연한 보수적이고 종교적인 분위기를 일신하
기 위해 정책을 밀어붙이는 사례는 튀르키예 건국의 아버지인 케
말 아타튀르크나 카타르의 하마드 빈 할리파 알사니 등에서도 확
인할 수 있다. 언급된 국가들이나 사우디의 경우 워낙 오랜 기간
사회가 경직되고 종교적으로 경도된 탓에 일반적으로 개혁 개방의
핵심이 되는 성숙한 시민사회와 의식 있는 중산층이 형성되어 있
지 않다. 결국 국가 지도자의 주도에 의해서만 본질적 변혁이 가능
하다는 것이 빈 살만 옹호자들이 내놓는 목소리다.

현대 튀르키예의 아버지 케말 파샤.
튀르키예인들은 대부분 그를 튀르키
예 근대화와 세속주의 전통의 아버지
로 꼽아 추앙하지만, 서구 학자들은
그를 '독재자'로 분류하고 있다.[17]

이와 유사한 경우는 더 이전의 세계사에서도 찾을 수 있다. 17~19세기 동안 유럽에서는 계몽주의에 대한 사명감을 가진 군주들이 다수 등장했다. 서유럽의 계몽 군주들은 시민사회의 추대와 지지를 받아 다소 온건한 개혁을 추진한 반면 동유럽의 계몽 군주, 가령 프로이센의 프리드리히 대왕이나 러시아의 예카테리나 대제 등은 반대파들에 대한 무자비함과 타협 없는 독선적 정책으로 악명을 산 경우가 많다. 국민의 대다수가 중세 농노이거나 완고한 보수파 귀족이었던 만큼 개혁에 찬성표를 던지고 옹호세력이 될 만한 세력이 국내에 많지 않았기 때문이다.

다만 빈 살만의 경우 이 온도차가 유독 크다는 평이다. 그가 추구하는 이상적인 국가상과 이를 위한 무자비함의 차이가 말이다.

정적과 반대파에 대한 무자비함

빈 살만은 정적과 반대파에 대해 잔인함과 무자비함을 보이는 것으로도 유명하다. 다만 이건 그의 성품이라기보다는 통치 철학의 연장선이라고 보는 게 합리적이다.

반체제 성직자에 대한 거침없는 처벌

빈 살만은 집권 직후인 2017년 성직자를 포함해 시아파 계열 반체제 인사 47명에게 일괄 사형을 집행해 전 세계에 충격을 던져주었다. 사우디가 전 세계 수니파 이슬람 세력의 맹주를 자처하는만큼, 자국 내의 시아파 세력은 체제 동요 세력으로 분류된다. 사우디는 종종 샤리아에 근거해 참수형이나 신체 절단형을 실시하기는하지만, 일괄적으로 수십 명의 사형을 집행하는 건 이례적이다. 이러한 조치는 국내 시아파 세력이 국외의 이란, 시리아 등과 연계해체제를 동요할 가능성을 미연에 방지하기 위함이었다.

반체제 성직자에 대한 탄압은 시아파뿐만 아니라 수니파에도 적용된다. 2023년 초 저명한 신학자인 아와드 알 카니가 사우디 법원에서 사형 선고를 받았다. 그는 수니파 신학 교수로 유명했던 인물이지만, 무슬림 형제단 및 카타르와의 연계 혐의가 적용됐다. 무슬림 형제단은 중동 전역에 널리 퍼진 수니파 계열 정치 단체다. 이들은 근본주의에 가까운 성향을 보이는 동시에 세속 군주를 부인하고, 신정일치 국가를 추구한다. 빈 살만은 사우드 가문에게 큰위협이 되는 세력이라면 같은 종교 계열에게도 자비를 보이지 않는다.

자말 카슈크지 암살 사건

카슈크지 사건은 빈 살만 통치의 가장 큰 오점으로 불리는 사건이다. 2018년 튀르키예 이스탄불에 있는 사우디 영사관에 괴한들이 침입, 사우디 출신 언론인 자말 카슈크지(Jamal Khashoggi)를 살해한 후 사체를 토막내 유기했다. 악명 높은 연쇄살인범의 범행에서나 볼 법한 행적이지만 문제는 이 범죄의 배후에 사우디 정부, 특히 빈 살만이 있다는 의혹이 꾸준히 제기됐다는 점이다. 비교적 사우디에 우호적이었던 미국 CIA조차 같은 해 11월 살인 사건의 배후로 빈 살만을 지목했다.

카슈크지는 사우디 출신의 언론인으로, 알아랍뉴스 채널의 편집자로서 아라비아의 진보 지식인을 대변하는 인물이었으나, 정부의 위협을 이기지 못해 2017년 미국으로 망명했다. 이후 그는 미국의 저명한 저널인 〈워싱턴포스트〉에 꾸준히 중동 문제와 관련된 칼럼을 기고하면서, 중동 문제에 관해서는 전 세계에서 손꼽히는 영향력을 가지게 되었다. 그러나 빈 살만에 대한 비판과 보다 급진적인

사우디 출신의 국제 언론인 자말 카슈크지. 그의 암살로 빈 살만은 궁지에 몰리게 된다.[18]

개혁을 추구하는 등의 행동이 사우디 정부의 심기를 거슬렸고, 끝내 비참한 최후를 맞게 되었다.

이 사건의 여파는 컸다. 그동안의 공포정치나 사우디 왕자들에 대한 숙청은 철저하게 사우디아라비아 내부의 일이었다. 그러나 카슈크지는 미국에서 주로 활동하는 글로벌 유명 언론인이며, 심지어 범행이 일어난 장소는 튀르키예 내의 사우디 영사관이었다. 그러므로 이는 자신을 비난하는 사람은 국내외를 가리지 않고 처단한다는 빈 살만 정부의 잔혹성이 잘 드러난 사례인 것이다. 국제 사회는 전부 사우디 정부에 대한 비난에 나섰다. 우선 범행 장소가 된 튀르키예의 에르도안 대통령은 11월 10일 카슈크지와 관련된 오디오 녹음 파일의 존재를 공개했고, 이어 트럼프 미국 대통령, 트뤼도 캐나다 총리, 에마뉘엘 마크롱 프랑스 대통령 등은 자세한 진상을 규명하라며 목소리를 높였다. 사건 직후 한동안 사우디 정부는 우호국들의 단교 요구와 압박에 시달렸다.

왕족도 예외는 없다

빈 살만의 공포 정치에는 사우드 가문 출신의 왕족들도 예외는 없다. 그동안 사우디에서 왕자들 간의 알력 다툼이 없었던 건 아니지만, 패배한 인물은 왕위 후계권과 정치적 권위를 잃고 물러나는 선에서 퇴장하는 수준의 처벌만을 받았다. 반면 빈 살만은 2017년

대숙청 때 확인했듯, 자신을 위협하는 세력은 설령 사우드 가문 출신이라 하더라도 일말의 여지를 두지 않았다. 2017년에 구금된 왕자 중 상당수는 고문과 협박을 동반한 오랜 시간의 육체적 학대를 받은 것으로 전해진다. 만수르 빈 무크린, 압둘 아지즈 빈 파드와 같은 왕자는 탈출 중 사우디군의 공격을 받아 사망했다는 주장도 제기되고 있다.

거물급 왕자들은 대숙청으로 실권을 잃은 지 6년이 지난 지금도 가택연금을 받고 있거나 행방이 묘연하다. 빈 살만의 전임 왕세자인 MBN과 그의 이복 동생 나와프 빈 나예프는 사우디와 미국의 우호를 상징하는 인물이다. 이 형제는 대숙청으로 모든 실권을 잃은 후에도 2020년부터 가택연금에 들어가 일체의 대외 활동을 못하고 있다. 빈 살만의 삼촌인 아흐메드 빈 압둘아지즈 또한 내무부 장관을 역임했고, 한때 사우디 왕세자 중 하나로 거론될 만큼 거물이었지만 이런 지명도가 결국은 독이 됐다. 그는 2020년 국가반역죄로 MBN과 함께 체포된 후, 현재까지 가택연금 중인 것으로 알려졌다.

3

네옴시티,
구체적인 계획을 열어 본다면

네옴시티가 지어질
타북은 어디?

네옴시티는 아라비아반도의 북서쪽 끝인 타북(TABUK)주에, 서쪽 모서리에 지어질 계획이다. 네옴시티는 왜 하필이면 타북주에 지어지고 있는가? 이를 이해하기 위해서는 타북주의 역사적·지리적 배경을 먼저 이해해야 한다.

타북은 사실 사우디에서도 경제적으로나 행정적으로 중요도가 높은 지역은 아니다. 사우디의 주요 도시인 리야드, 제다, 메카, 메디나 등과 지리적으로 떨어져 있으며 주 산업은 관광과 농업이다. 인구는 2017년 기준으로 91만 명으로, 총 13개로 나뉘는 사우디

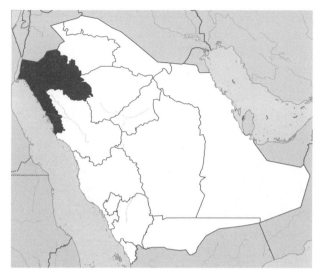

사우디아라비아 서북방에 위치한 타북. 한반도로 치면 신의주 정도에 위치한 서북방 끝이다.[1]

행정 단위 중에서도 고작 8위에 위치할 만큼 하위권이다.

아라비아반도의 북서쪽에 위치한 타북은 요르단과 국경을 접하고 있다. 주도인 타북시가 국경에서 고작 180킬로미터 떨어져 있다. 또한 수십 킬로미터에 지나지 않는, 홍해의 좁은 아카바만을 건너기만 한다면 이집트, 더 나아가서 이스라엘에도 순식간에 도달할 수 있다. 이렇듯 타북은 중동지역의 유력 국가 세 곳과 맞닿아 있는 만큼 외교적으로, 그리고 군사적으로 중요한 거점이다.

타북에서 비행기가 이륙하면 요르단, 이스라엘, 이집트, 레바논 등 주변 국가를 전부 사정권에 넣을 수 있다. 이 지역은 유독 지역적 분쟁이 잦은 중동에서도 화약고 그 자체인 레반트 지역에 순식

타북 시내의 모습.[2]

간에 개입할 수 있는 '전진기지' 역할이다.

타북에 사우디아라비아 최대의 공군기지와 아미르 술탄 빈 압둘 아지즈 국제공항이 위치한다는 점도 이를 방증한다. 6일 전쟁으로 불리는 3차 중동전쟁, 4차 중동전쟁이 모두 타북 바로 서편에 위치한 시나이반도에서 펼쳐지기도 했다. 구약 성서에서 모세가 이스라엘 민족을 이끌고 이집트를 탈출, 가나안으로 입성하기 전까지 에돔, 모압 등 현지 부족과 40년간 치열한 분쟁을 벌인 지역이기도 하다.

네옴시티가 UAE의 아부다비 및 두바이 그리고 카타르의 도하와 경쟁할 수 있는 국제 허브로 성장하기 위해서는 글로벌, 그중에서도 미국 및 유럽으로 상징되는 서방과의 물리적 접근성이 수월해야 한다.

문제는 사우디아라비아의 지정학적 상황이 그리 녹록치 않다는 점이다. 사우디아라비아의 북쪽으로는 이라크와 쿠웨이트가 위치해 있다. 이라크는 장기간의 내전 및 IS 준동의 여파를 여전히 수습하고 있는 개발도상국이며, 쿠웨이트는 부국이긴 하되 인구가 고작 430만밖에 되지 않는 소국으로 '글로벌'과는 거리가 있다.

남쪽을 살펴보면 현재 진행형으로 내전이 진행 중인 예멘이 있고, 그 옆에는 오만이 붙어있다. 예멘은 현재 예멘 정부와 후티 반군, 그리고 남예멘 분리주의 세력의 삼파전이 진행 중이며 사우디 정부는 이 중 예멘 정부를 군사적으로 후원하고 있다. 사우디군과 후티군의 교전이 상시적으로 발생하고 있는 만큼 이곳은 지정학적 위험성이 높다.

동쪽에는 사우디의 천년 묵은 숙적, 종교적으로도 수니파(사우디) 대 시아파(이란)로 갈등을 빚어온 이란이 페르시아 만을 넘어 노려보고 있는 모양새다. 서쪽을 바라보자니 여전히 남수단과의 산발적 교전이 진행중인 수단이 위험 요소로 자리잡고 있다.

따라서 중동 지역에서 그나마 정치적으로 안정되고, 어느 정도 글로벌화된 이집트, 이스라엘, 요르단 등이 모여 있는 서북방만이 사우디의 유일한 글로벌 창구가 될 수 있다. 레반트 지역과 맞닿아 있는 타북주가 네옴시티 건설의 후보지로 선정된 이유다.

역사적인 교통의 요지, 아라비아 판 삼국지의 주역으로

더 나아가 타북주는 대대로 아라비아반도 내 교통의 요지였다. 우리로 따지면 과거 경의선의 의주나 KTX 완공 전 남한 철도망에서 대전이 차지하는 지위와 유사하다.

아라비아반도는 규모 면에서 반도라기보다는 아대륙이라고 부르는 편이 더 맞아 보인다. 그 면적이 3,237,500제곱킬로미터로 호주 대륙(7,741,220제곱킬로미터)의 절반만 하다. 이 광대한 지역의 상당수가 척박한 사막인 만큼, 교통의 주력을 해운 및 이와 연결된 도로에 의지할 수밖에 없다. 레반트 지역과 아라비아반도, 오늘날의 국명으로는 시리아와 요르단, 사우디아라비아를 잇는 헤자즈(Hejaz) 지역은 대대로 아라비아반도의 대동맥 역할을 해 왔다. 그리고 헤자즈 한복판에 놓인 지역이 타북주다. 1908년 다마스쿠스와 메디나를 잇는 철도, 헤자즈선이 타북을 가로질러 개통된 이유도 바로 이 때문이다. 타북역은 헤자즈선이 폐쇄되는 1920년까지 헤자즈선의 거의 정중앙에서 중간 기착지 역할을 수행해 왔다.

이슬람의 양대 성지인 메카 및 메디나와 남쪽으로 맞닿아 있다는 점은 '교통 요지'라는 헤자즈의 가치를 강화하는 요소다. 모든 무슬림은 태어나서 단 한 번은 메카를 방문해야 할 종교적 의무를 진다. 레반트를 포함해 북쪽 지역에서 육로로 성지순례를 내려오기 위해서는 반드시 헤자즈를 북에서 남으로 관통해야 한다. 1000년 전부터 헤자즈의 심장, 타북이 아라비아의 교통 요지로 자리잡은

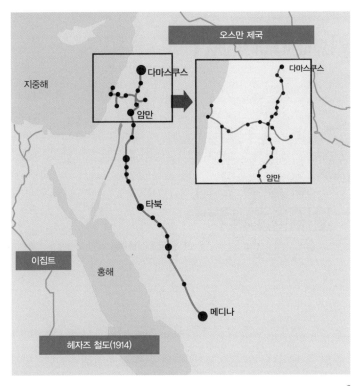

헤자즈는 아라비아반도의 대동맥이자 종교적 성지순례의 '고속도로' 역할을 해 왔다.[3]

까닭이다.

근세에 들어 이와 같은 헤자즈의 지리적 특성은 아라비아를 뒤흔드는 정치적 사건의 요인으로 작용하기도 했다.

아라비아반도의 근대사는 현 사우디 왕가인 사우드 가문과 현 요르단 왕가인 하심 가문, 그리고 영국과 오스만튀르크 등의 외세가 엮인 한 편의 서사시다. 헤자즈 지역을 포함해 오늘날의 중동과

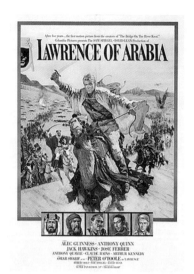

영화 〈아라비아의 로렌스〉는 헤자즈 지역을 중심으로 펼쳐진 '아랍 대반란'을 극화한 것이다.[4]

튀르키예, 그리고 동유럽을 장악하던 오스만튀르크는 1차 대전 독일 주도 동맹국에 참여했다. 이에 연합군을 조직해 독일과 맞서던 영국군은 아라비아반도의 명문가인 하심 가문과 손을 잡고 헤자즈 지역을 오스만튀르크로부터 분리시킬 계획을 세운다. 하심 가문은 이슬람 전체의 예언자 무함마드의 직계 후손인 만큼, 종교적인 권위와 정치적인 영향력 모두를 겸비하고 있었다.

1916년부터 1919년동안 3년에 걸쳐 영국-하심 가문 연합군은 헤자즈 지역에서 수만 명이 사망할 만큼 치열했던 전쟁, 이른바 아랍 대반란(Great Arab revolt)을 벌여 오스만 제국에 맞섰다. 이 전쟁을 다룬 영화가 바로 〈아라비아의 로렌스〉다. 승자는 영국-하심 가문 연합군으로 1918년 헤자즈 왕국이 성립하며 하심 가문의 후세

현 요르단 국왕 압둘라 2세. 그는 무함마드 이래로 1400년간 내려온 명문가 하심 가문 출신이다.[5]

인 빈 알리(Hussein bin Ali)가 초대 국왕으로 추대되었다.

그러나 이후 이라크, 시리아 등의 실효 지배권과 팔레스타인 유대인 이주 등을 두고 하심 가문과 영국의 사이가 벌어지기 시작했다. 이를 틈타 1924년 아라비아 동부를 장악하고 있던 사우드 가문의 네지드 왕국이 헤자즈 왕국을 침공, 약 1년여 만에 하심 가문을 축출하며 사실상 아라비아를 통일했다. 이어 1932년 사우드 가문은 통합 아라비아 왕국의 건국을 선언했는데, 이 왕국이 오늘날의 사우디아라비아다.

사족을 덧붙이자면 헤자즈 지역을 상실한 하심 가문은 이후 이라크와 요르단을 지배하는 왕가로 남았다. 그러나 1958년 군부 쿠데타로 이라크 왕가는 폐문당했다. 다만 요르단의 하심 왕가는 여전히 건재하다.

성지와 접근성은 좋지만 거리는 멀고, 좋은 기후까지. 꽃놀이패를 쥔 '타북'

타북은 메카, 메디나, 리야드 등 사우디아라비아의 종교 성지와 교통적 접근성은 좋지만, 물리적 거리는 상당하다. 타북시 기준으로 가장 가까운 메디나는 직선거리로 약 650킬로미터, 메카는 1000킬로미터 정도 떨어져 있다.

사우디아라비아는 막대한 국부와 친미적 성향에도 불구하고 건국 이래로 줄곧 종교적 엄숙주의를 고수하고 있다. 여전히 이슬람 율법, 샤리아 중심의 통치가 이루어지고 있으며 종교 경찰의 일종인 무타와가 이를 어기는 내국인은 물론이고 외국인들도 엄히 단속하고 있다. 술과 돼지고기, 노출이 심한 옷차림 등은 모두 단속의 대상인 만큼 관광객 및 해외 외교관들과 무타와 간 충돌이 일어나는 경우도 흔하다.

네옴시티가 외국계 자본과 다수의 외국 인재를 유치하기 위해서는 개방적 분위기를 지향해야 한다. 종교적 경건주의가 강하게 지배하고 있는 메카, 메디나 및 리야드 등의 도시와는 물리적 거리가 어느 정도 떨어져 있는 타북이 네옴시티의 후보지로 선정된 또 다른 이유다.

상대적으로 연교차가 적은 기후도 타북의 숨은 장점이다. 외국인들이 쉽게 거주할 수 있기 때문이다. 타북은 연교차가 약 40도(연 최저 0도, 최고 40도) 정도로, 연교차가 50도를 넘는 서울에 비하면 상대적으로 그 온도차가 작은 편이다. 물론 사막성 기후의 여파로 일교차가 톡하면 하루에도 10도를 넘어서기는 하지만, 연교차 측면에서는 극단적인 추위와 더위를 모두 경험할 수 있는 한반도에 비해 상대적으로 외국인이 적응하고 거주하기에는 더 편한 측면이 있다.

매해 12월에는 종종 타북주가 영하 이하로 기온이 떨어지면서 눈이 내려 국제적인 뉴스거리가 되기도 한다. 2029년 동계 아시안게임 개최지로 타북의 네옴시티가 선정된 이유다.

네옴시티를
이끌어 가는 사람들

네옴시티의 정체성을 알기 위해서는 총책임자 역할을 맡은 빈 살만 이외에도, 실제로 어떤 인물들이 중역을 담당하는지를 살펴보는 것도 중요하다. 구체적으로는 다음 인물들이 C레벨 및 기타 중역을 맡고 있다.

(1) CEO 나드미 알 나스르

나드미 알 나스르(Nadhmi Al-Nasr) 는 비즈니스 일선에서 부동산 및 에너지와 관련해 중역을 맡아온 인물이다. 풍부한 경험과 행정 역량을 인정받아 네옴시티 건설의 총 책임과 행정적 실무를 이끌어 갈 전망이지만, 상대적으로 그가 맡은 중역에 비해 많은 부분이 세상에 알려

네옴시티의 CEO 나드미 알 나스르6

져 있지 않다.

그는 1956년생으로, 1978년 킹 파드 석유 및 자원 대학에서 석사 학위를 취득하고, 곧바로 에너지기업 사우디 아람코에서 첫 커리어를 시작했다. 다양한 외국 기업에서 엔지니어링 & 컨설팅 분야의 경력을 쌓았으며, 2006년에는 사우디 아람코의 부사장 직급까지 승진하기도 했다. 킹 압둘라 공대에서 경영 관리 및 재무 분야 부총장을 역임하기도 한 그는 2018년 네옴시티 총 책임자로 임명됐다.

(2) 부대표 라얀 파예즈

라얀 파예즈(Rayan Fayez)는 네옴시티 주요 임원 중 금융/재무

네옴시티의 부대표 라얀 파예즈.[7]

전문가로 꼽힌다. 뉴욕의 주요 투자은행인 JP 모건 천연자원 투자 부서에서 커리어를 시작했으며, JP 모건, 골드만삭스 등에서 금융인으로의 경험을 쌓았다. 2018년부터 2022년까지는 사우디 내 금융 그룹인 사우디-프랑스 은행(Banque Saudi Fransi)의 대표를 맡았다. 2022년 6월부터 네옴시티의 부대표를 역임하고 있다.

(3) 최고투자책임자(CIO) 마나르 알 모니프 박사

네옴시티의 CIO 마나르 알 모니프.[8]

C레벨 중 유일한 여성인 마나르 알 모니프(Manar Al Moneef)는 헬스케어 전문가로 커리어를 시작했다. 영국의 레스터 대학에서 분자종양학과 유전학을 전공하고 2006년 사우디아라비아투자기구(Saudi Arabian General Investment Authority)에서 투자 커리어를 쌓았다. 이후 2011년 GE에 입사해 헬스케어, 오일&가스, 재생에너지 분야

에서 활동했으며 2021년 10월부터 네옴시티에서 CIO를 역임하고
있다.

(4) 최고재무책임자(CFO) 디르크 반쉐펜덤

네옴시티의 CFO 디르크 반쉐펜덤.9

네옴시티의 금고를 담당할 디르
크 반쉐펜덤(Dirk Vanschepen-
dom)은 중동 지역에 특화된 재무
전문가로 명성 높은 인물이다. 세
계 지도 모양의 섬 '팜 아일랜드'
를 지은 걸로 유명한 두바이의 국
영기업인 두바이월드, UAE의 알
아인홀딩스, KPMG 등에서 임원
을 역임했으며 2019년 10월부터는 네옴시티의 CFO를 맡고 있다.

더 라인:
네옴시티의 심장

현재까지 발표된 네옴시티의 규모는 2만 6,500제곱킬로미터로 서울시의 약 40여 배, 또는 경기도와 강원도를 합친 만큼 방대한 규모다. 시(City)라는 표현보다는 오히려 주(Province)라는 표현이 더 걸맞다. 그러한 만큼 네옴시티도 여러 구획으로 쪼개져 각각으로 테마에 맞는 조성 계획이 존재한다. 이번 장부터는 네옴시티의 하위 프로젝트인 더 라인, 옥사곤, 트로제나, 신달라, 네옴베이의 상세 계획을 알아보도록 하자.

2021년 1월 사우디 정부는 네옴시티 내 더 라인 프로젝트를 공

사우디 정부가 발표한 더 라인의 목표 수치는 놀라움을 넘어 충격적인 수준이다.[10]

개하며 전 세계 건축업계를 충격에 빠뜨렸다. 해당 프로젝트는 무려 거리 170킬로미터, 폭 200미터 규모의 내륙 회랑을 인공적으로 조성한 후, 여기에 길쭉한 선형 도시를 건설하겠다는 내용을 담았다. 이를 위해서 전체를 거울로 덮은 길이 800미터, 높이 500미터의 댐형 모듈 건물 135개를 조립하는 방식을 활용하겠다는 내용도 담았다.

참고로 더 라인의 디자인은 미국계 설계 사무소 모포시스 아키텍츠(Morphosis Architects)가 담당하고 있다. 1972년 세워진 이 사무소는 '건축계의 노벨상'이라 불리는 프리츠커 수상자(2005)인 톰 메인을 위시해 마이클 브릭클러, 리비오 산티니, 제임스 스태포드 등이 세웠다. 코넬대 내의 빌&멜린다게이츠 홀 등의 건물을 디자인한 것으로 유명한 세계적인 설계 사무소다. 지난 2020년부터는 캘리포니아 LA에 미주한인박물관을 짓기 시작해 재미 교포들 사이에서도 높은 인지도를 가지고 있으며, 아시아 총괄소장인 이의성 씨를 포함해 복수의 한국인들이 근무하고 있는 것으로 알려져 있다.

900만 인구가 거주하는 자급자족형 스마트시티

더 라인이 지향하는 구체적인 목표는 900만 명 이상을 수용하는 초대형 인공 도시로 일단 2030년까지 100만 명을 수용하겠다는 계획을 발표한 바 있다. 사우디아라비아는 현재 약 3400만 명 정도인 인구를 장기적으로 5000만 명까지 끌어올릴 계획이다. 사우디는 면적이 한반도의 10배에 달하지만, 인구는 남북한을 합친 인구의 절반 수준에 불과하기에, 사우디의 인구 밀도는 제곱킬로미터당 16명 선에 그치고 있다. 특히 인접한 적대국인 이란(8800만)은 물론이고 오랜 내전을 겪은 또 다른 인접국 이라크(4300만)보다도 적은 인구는 장기적으로 국력과 경제 성장을 저해하는 요소다. 인구가 전반적으로 과밀한 유럽이나 동아시아와는 달리, 중동 지역은 면적당 인구 비율이 낮은 만큼 인구 증가에 대한 수요가 크다. 노동력 공급이나 내수 경제 활성화를 위한 핵심 변수이기 때문이다.

이를 위해서는 자국민의 출산 장려 정책은 물론이고, 더 나아가 적극적인 이민 수용을 노릴 수밖에 없다. 아라비아반도 인근 걸프해의 석유 부국들, 이른바 GCC 정부는 낮은 인구밀도와 노동생산성을 적극적인 해외 이민을 통해 해소하는 경우가 흔하다. 사우디 인구 중 외국인의 비중은 약 36% 수준인데, 이는 GCC 중에서는 낮은 편이다. UAE의 경우 900만의 인구 중 자국민은 100만 명으로 이민자가 전체 인구에서 차지하는 비중이 80%를 넘어섰고, 쿠웨이트 또한 430만의 인구 중 70%인 300만이 이민자다.

앞에서 설명했듯이 사우디 전반의 종교적 엄숙주의와 부족한 사회 경제적 인프라는 이민을 저해하는 요소로 기능하고 있다. 단순 육체 노동을 수행하는 이주 노동자가 아니라 국가 경제에 기여하는 폭이 높은 고소득, 전문직 글로벌 인재를 영입하기 위해서는 수준 높은 인프라와 자유로운 사회 분위기가 필수적이다. 사우디가 무리수에 가깝게 네옴시티를 추진하는 가장 큰 이유다.

세계 최초 '수직 도시'의 꿈, 과연 실현될까?

더 라인은 좌우 거리가 서울에서 대전 거리보다도 긴 선형 도시인 만큼 자칫하면 이동 거리가 끝없이 늘어날 수 있다. 따라서 사우디 정부는 모든 거주지에서 도보로 약 5분 거리에 직장, 소매점, 의료, 레저, 문화 등의 시설을 촘촘히 배치, 근거리에서 모든 일상생활을 자급자족할 수 있게 하겠다는 구상이다. 더 라인의 폭은 200미터 수준으로 매우 짧지만, 수직으로는 길다는 점을 적극 활용하여 설계 단계부터 수직적인 이동을 중심으로 설계된 사상 첫

더 라인의 콘셉트 사진. 세계적 수준의 삶의 질을 보장한다는 계획이다.[11]

도시가 될 전망이다.

선형 도시 자체는 새로운 개념은 아니다. 폴란드의 술로조바(Suloszowa)시는 9킬로미터에 걸친 단일 도로의 좌우로 길쭉하게 도시가 자연적으로 형성돼 있으며, 스페인의 유명 건축가 아르투로 소리아 이 마타(Arturo Soria y mata)는 이미 1882년 마드리드 도시 개발 계획에 선형 도시 콘셉트를 제안한 바 있다. 다만 무려 170킬로미터라는 거리의 선형 도시는 일찍이 구상해 본 적도 없는 수준이다. 이런 선형 도시를 인공적으로 설계하고 구축해 나가기 위해서는 이에 비례한 고민과 정교한 구상이 필요하다.

더 라인은 역사상 유례없는, 위아래로 끝없이 깊고 좌우로는 길쭉하지만 폭은 좁은 도시다. 〈저지 드레드〉 등의 SF 영화에서 나오는 벌집과 같은 인구 초고밀도 도시 형태, 하이브 시티(Hive City)와

선형 도시라는 콘셉트를 본격적으로 만들어 낸 건설가 소리아 이 마타.[12]

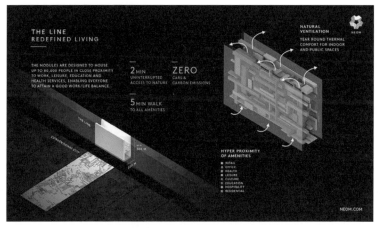

더 라인의 모듈 건설 계획. 직장 및 여가 시설 등에 대한 접근성을 보장할 예정이다.[13]

도 유사해 보인다. 이런 독특한 도시 설계의 장점을 살리고, 단점을 극복하기 위해서는 도시 내의 수직적 이동 수단(가령 엘리베이터)과 수평적 이동 수단, 그리고 대안적 혁신 모빌리티의 결합이 도시계획의 성패를 가를 전망이다. 유동인구의 이동 수요를 빠르게 충족

시키면서도, 교통의 공백지가 존재해서는 안 된다.

더 라인의 끝과 끝을 연결해 해안가와 공항을 잇는 초고속 철도 더 스파인(The spine)이 역내 장거리 이동의 주된 수단이다.

물류망 개선과 제조업 고도화, '메이드 인 사우디'의 꿈 이루나

사우디 정부는 더 라인 프로젝트를 통해 인구 확보는 물론 메이드 인 사우디(Made in Saudi)의 꿈도 이뤄 나갈 생각이다. 사우디를 포함, 대부분의 GCC 국가들은 부존자원 중심 경제의 취약점, 이른바 네덜란드 병 극복을 위해 안간힘을 쓰고 있지만 대체로 유의미한 성과를 거두지 못하고 있다. 대중의 낮은 근로의욕과 저조한 노동생산성, 원천기술 부족, 효율적인 경영관리 역량 부재 등이 그 주된 원인으로 꼽힌다. 외국계 자본을 유치해 제조업 기반을 갖춰 가고자 하는 시도도 거듭되고 있지만, 일부 중화학 석유공업 외에는 별다른 큰 성과를 거두지 못하고 있다.

더 라인은 이와 같은 고질적인 제조업 부재를 해결할 하나의 키로 보인다.

사우디 정부의 발표에 따르면, 더 라인은 거주 지역 기준 이동 거리 5분 안에 직장과 쇼핑 시설 등이 하나로 엮인 복합체(Complex)를 지향한다. 일상적으로 소비돼야 할 공산품이나 농산품은 아파트

자일스 펜들턴.14

형 공장이나 스마트팜 형태로 건물 내에서 생산된다. 더 나아가 인구밀도가 높은 띠 모양의 도시를 초고속 철도 더 스파인이 관통하므로, 효율적 물류망 구성이 가능하다.

더 라인 건설의 전무(Executive Director)인 자일스 펜들턴은 과거 인터뷰에서 "네옴시티 내 공장에서 대량으로 물건을 만드는 표준화 공정은 매우 간단해진다. 물건을 멀리 옮길 필요도 없고, 품질 관리도 쉬워지며 타 생산 설비와의 연계도 편해진다"라고 밝힌 바 있다.

사막에서 움트는 친환경 생태 도시의 꿈

더 라인을 발표하는 과정에서 사우디아라비아 정부는 여러 차례

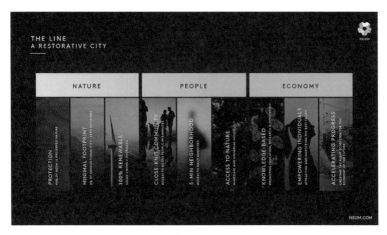

자연, 인간, 경제에 대한 더 라인의 목표.[15]

'친환경 생태 도시'를 강조하기도 했다. 이 계획에는 도시 내에서 탄소 발자국 발생을 최소화하고, 신재생에너지 중심의 에너지 생태계를 구축하겠다는 내용도 담겼다.

건물 남쪽 외벽에 태양전지판을 조성, 도시가 필요로 하는 에너지 중 상당 부분을 조달할 계획이다. 통상 유리로 지은 마천루들의 경우 온실효과 때문에 해가 뜬 동안 온도가 올라가고 이에 따라 냉방비도 급등하게 마련이다. 더 라인은 건물 외벽을 거울로 덮어 빛을 적극적으로 반사, 온실효과를 최소화하려는 구상을 하고 있다. 횡적으로는 고작 200미터에 불과하다는 점을 적극 활용해, 인근 자연과 융화되는 건물의 디자인도 도입된다.

무엇보다 이런 구상은 사우디아라비아가 추진하는 차기 국정 과제 '비전 2030'과 긴밀히 연결되어 있다. 사우디 비전 2030의 3대

더 라인의 콘셉트 사진.16

원칙 중 하나인 경제 번영(A thriving economy)에는 석유 중심의 국가 산업구조를 탈피하고 신재생에너지 인프라를 확보해 발전용량 9.5기가와트를 달성하겠다는 내용을 핵심으로 한다. 더 라인은 바로 이런 목표가 실현가능한지 테스트해 볼 수 있는 좋은 쇼케이스가 될 것이다.

더 라인에 대한 회의적 시각들

전반적으로 전 세계 건설업계에서는 더 라인 프로젝트에 대해 회의적인 시각이 지배적이다. 사우디아라비아 정부에서는 인류 역사상 시도해 본 적도 없는 최장거리 규모의 수직형 도시라는 점을 계속 강조하고 있지만, 역으로 그렇기 때문에 실현 가능성이 떨어진다는 비판이 주를 이루고 있다.

가장 큰 비판은 예산에 쏠려 있다. 더 라인 프로젝트에 투입되어야 할 자본금의 규모만 적게는 수백조 원에서 많게는 1000조 원까지로 추정되고 있다. 이는 달에 인류를 최초로 보낸 아폴로 프로젝트의 예산인 25~30조 원의 수십 배에 달하는 규모다. 아무리 사우디가 풍부한 오일머니를 보유하고 있다고 하더라도 지속적으로 프로젝트를 이끌어 갈 만큼 재력을 보유했을지에 대해서는 많은 이들이 의구심을 갖고 있다. 또한 사우디 정부는 해당 투자금의 전체를 사우디 정부가 일방적으로 부담하는 게 아니라 외자 유치를 통해 해소하겠다는 태도를 보이고 있어서 이런 우려를 더욱 키우고 있다.

설령 해당 도시가 하드웨어적으로 구축된다고 하더라도 실제로 제대로 기능을 할지도 의문이라는 의견도 있다. 홍익대학교 건축학과 유현준 교수는 본인의 유튜브 채널 '셜록현준'에서 "수직형 도시인 만큼 도시의 지하층에는 햇빛이 거의 들지 않아, 제대로 된 도시로 기능하기 어렵다"는 의견을 내놓은 바 있다. 자일스 펜들턴은 홈페이지에 해당 문제에 대해 "자연광을 최대한 투과하고 여름과 겨울의 해의 길이를 고려해 최대한 조광을 확보할 수 있도록 설계할 것"이라고 밝히긴 했으나 구체적인 답안을 아직 제시하지는 않았다.

환경 재앙이 발생할 수 있다는 우려도 있다. 170킬로미터를 가로지르는 벽을 세우는 만큼, 생태계도 인위적으로 두 동강이 난다. 조광, 풍향, 식생 등이 기존과는 질적으로 크게 달라지며, 일부 종이 생존 위기에 처하리라는 비판이다. 헤자즈 지역을 오가는 철새들이 거울로 덮인 더 라인의 건물과 주변 환경을 구분하지 못하고 충돌하는 이른바 버드 스트라이크(Bird strike) 현상이 빈발하리라는 우려도 있다. 더 라인이 거울 소재 건물인 만큼 막대한 양의 탄소발자국이 발생한다는 비판도 있다.

옥사곤: 메이드 인 사우디의 꿈을 이룰 물류 허브

더 라인 프로젝트를 설명하며 사우디아라비아의 숙원인 '메이드 인 사우디'의 꿈에 대해 간략히 설명한 바 있다. 비전 2030에도 역내 제조업 육성에 관한 내용이 다수 포함되어 있을 만큼 사우디 정부는 제조업에 진심인 모양새다. 바로 이런 꿈을 담은 산업단지가 옥사곤(OXAGON)이다.

옥사곤은 라틴어 단어의 뜻 그대로 팔각형의 대규모 산업 단지다. 구상대로라면 세계 최대 규모의 수상 부유식 시설로 핵심 산업지구 면적만 48제곱킬로미터, 직경은 7킬로미터에 달한다. 사우디

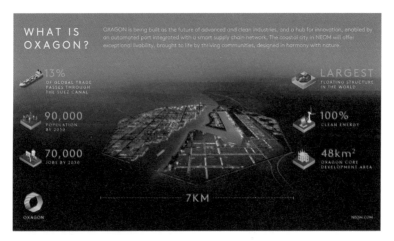

사우디 측에서 제시한 옥사곤의 조감도.[17]

는 해당 시설 내에 2030년까지 9만 명의 인구를 거주시키고, 7만 개의 일자리를 창출할 계획이다.

임무: 물류의 핵심 입지를 살려라

옥사곤의 위치를 타북주 서쪽 끝 항구로 선정한 이유는 전적으로 입지 때문이다. 사우디 정부는 여러 차례 보도자료를 통해 "전 세계 물류의 13%가 거쳐가는 수에즈 운하에 인접했다는 점이 옥사곤의 큰 장점"이라며 "이 요소를 적극 활용하겠다"고 밝힌 바 있다. 실제로 옥사곤에서 수에즈 운하까지는 육로로는 750킬로미터 정

기존 해로와 바로 연동될 수 있는 입지가 산업항으로서 옥사곤의 가장 큰 장점이다.[18]

도, 수로로는 700킬로미터 떨어져 있다. 기존의 잘 구축된 수에즈의 해운 인프라를 그대로 활용, 유럽 및 아메리카 대륙으로 수출과 이동이 가능하다.

또한 옥사곤을 기점으로 오른쪽 아래로 아라비아반도를 둘러간다면 홍해를 통해 아라비아해로 진출, 순차적으로 인도, 동남아시아, 중국 등에 손쉽게 도달할 수 있다. 또한 육로로는 남북 고속도로를 연결해, 항만 제조 도시의 강점을 극대화할 계획이다.

팔각형 인공섬인 옥사곤은 중간에 인공 해협이 지나가 반이 나뉘는 구조로, 절반은 바다에 떠 있고 나머지 절반은 육지에 인접해 있다. 서남쪽에 해당하는 섬 부분에는 청색 경제 산업 단지, 대양 연구센터, 커뮤니티, 크루즈 터미널 등이, 동북쪽에 해당하는 육지

옥사곤의 조감도.[19]

부분에는 제조단지, 에너지 · 식품 · 수자원 허브, 연구 · 혁신 캠퍼스, 항구, 거주지 등이 입지할 계획이다.

이 밖에도 옥사곤의 동남쪽에도 보조 산업단지가 설치된다. 이곳에는 대형 모듈러 건설 공장, 수소 공장, 초대형 데이터 센터, 담수화 장비 등이 배치될 예정이다.

옥사곤 사업의 목표

옥사곤은 사업적으로 크게 네 가지 분야에 집중할 계획이다.

첫째, 진보된 청정 산업이다. 옥사곤은 구상 단계에서부터 여러 차례 '재생에너지', '재활용' 등의 키워드를 강조하고 있다. 네옴시티 프로젝트 자체가 친환경 재생에너지 중심으로 구상된 만큼, 다음과 같은 산업군 유치에 집중하고 있다.

▲ 재생에너지 산업 - 태양광, 녹색 수소, 연료전지, 해양 풍력발전 등
▲ 차세대 모빌리티 산업 - 자율주행차, 도시형 항공, 친환경 중기계 및 선박
▲ 현대화된 건설 산업 - 모듈러 공법, 3D 프린팅 건설, 지속가능한 철강 소재, 탄소 제로 중공업 등
▲ 수자원 혁신 산업 - 해수담수화, 염수 관리, 폐기수 관리, 수자원 관리 설비 산업 등
▲ 지속가능한 식량 산업 - 온실, 수경재배, 대체육, 지속가능한 포장 산업 등
▲ 건강 및 웰빙 산업 - 제약, 바이오, 영양, 의료 산업 등
▲ 기술 및 디지털 산업 - 산업용 및 서비스 목적 또는 다목적 로봇, 5G 이상 통신 산업, 우주 시스템, 전기 산업, 3D 프린팅 산업

둘째, 연구와 혁신이다. 상술한 대로 해양, 청색 경제, 에너지 · 식품 · 수자원 혁신 허브 등 다양한 리서치 센터가 배치될 계획이다.

셋째, 항구를 중심으로 한 공급망과 물류망의 통합 역량 구축이

옥사곤은 항구로의 입지와 사물인터넷, 그리고 혁신 물류, 모빌리티와 신재생에너지를 엮은 스마트 산업 항구를 지향한다.[20]

다. 우선 하역 단계부터 인공지능으로 물류를 섬세하게 계산, 최적의 동선을 도출해 빠르고 낭비 없는 선적을 만들 예정이다. 선적된 짐은 철도 및 육로를 통해 자동으로 창고에 선적된다. 와이파이 등의 통신망을 통해 실시간으로 수송 수단과 짐, 그리고 창고가 상호 소통하는 방식으로 비효율을 제거한다. 물류망의 최종 단계에서는 드론, 자동차, 로봇 등 무인 모빌리티를 통해 네옴시티의 수요자에게 도달한다.

넷째, 도시형 커뮤니티다. 옥사곤이 위에서 말한 세 가지 목표를 달성하기 위해서는 각자 분야에서 세계 최고 수준의 전문 인력과 석학들을 유치해야 한다. 고급 인재들의 눈길을 끌기 위해서는 단순히 고액 연봉이나 좋은 대우만으로는 충분치 않다. 이들 대부분은 이미 고액 연봉자일 뿐만 아니라, 원래 자신의 연고지를 떠나 머나먼 사막 한복판의 신도시에서 커리어를 시작해야 한다는 부담을 안고 있다. 핵심 인재들이 고향을 떠올리지 않을 수준의 쾌적하고 편리한 생활 여건을 준비해야 할 것이다.

트로제나: 아시안게임을 향한 빈 살만의 야망

　더 라인이 네옴시티의 거주, 옥사곤이 산업을 담당하지만 이 두 가지만으로는 도시의 매력도가 부족하다. 무엇보다 인구밀집형 도시인 만큼 거주자에게 여가와 즐거움, 자연을 선사해주는 존재가 도시 안에 존재해야 한다. 바로 이런 목적으로 설계된 곳이 트로제나(Trojena) 관광단지다.

사막에서 눈 내리는 소리? 트로제나에서는 현실

지난 2022년 말, 사우디아라비아는 동계 아시안게임 후보지로 선정되며 전 세계 언론의 주목을 받았다. 사우디와 동계 아시안게임이라는 단어는 남극과 무더위라는 단어만큼이나 어울리지 않아 보인다. 그러나 사우디 정부는 2029년 동계 아시안게임을 대부분 인공 강설로 진행하리라는 점을 부인하지 않으면서도, 개최 예정지인 트로제나가 최적지라고 주장하고 있다. 무엇보다 다른 아라비아 지역보다 평균 기온이 10도나 낮은 데다가, 겨울에는 종종 눈이 오는 지역이기 때문이다. 사우디 정부는 2029년 동계 아시안게임의 성공적인 개최를 통해 트로제나의 인지도를 끌어올리고, 이어 2030년 완공되는 네옴시티의 이색 휴양지로 부각시킬 계획이다.

트로제나에 조성될 스키장의 콘셉트 이미지.[21]

사시사철 트로제나에서 휴가를?

트로제나는 걸프해의 아카바(Aqaba) 해변에서 약 50킬로미터 떨어진 네옴시티 내 북부 휴양 도시다. 해발 약 1,500~2,600미터에 위치해 있어 상대적으로 타 지역보다 선선하며, 면적은 약 60제곱킬로미터다. 네옴시티와는 초고속 철도가 직행으로 연결된다.

사우디 정부의 구상에 따르면 트로제나는 크게 네 개의 시즌 테마로 구성된다. 매년 9월~11월의 웰니스 시즌, 12월~3월의 겨울 시즌, 3월~5월의 모험 시즌, 그리고 5월~9월까지의 호수 시즌이다. 이 중 가장 대중의 관심을 끄는 시기는 누가 뭐라 해도 겨울 시즌이다. 사막 한복판의 고지대에서 스키, 스노우보딩, 아이스스케이팅 등과 패션 축제를 즐길 수 있기 때문이다. 모든 시즌에 합쳐서 약

트로제나가 제시하는 네 개의 휴양 시즌.[22]

100개 이상의 액티비티가 체험 가능하도록 테마를 구성할 계획이다.

트로제나의 관광 명소는 어디?

가장 관심을 모으는 지역은 누가 뭐래도 스키 빌리지(Ski village)다. 해발 2,400미터에 위치한 이곳은 향후 2029년 동계 아시안게임 유치의 핵심이 될 지역이다. 무려 30킬로미터 규모의 슬로프를 보유한 스키장을 중심으로 다양한 동계 스포츠를 즐길 수 있을 전망이지만, 트로제나 지역 자체가 영상과 영하를 오가는 만큼 눈과 얼음의 품질 관리가 쉽지 않아 보인다. 이 때문에 인공적으로 조성

두바이의 스키 두바이는 사막 한복판에서 스키를 탈 수 있다는 신선함에 많은 관광객의 눈을 사로잡고 있다. 트로제나의 스키장도 같은 목표를 지향하고 있다.[23]

된 눈과 얼음으로 스키장의 대부분을 덮을 것이라는 예측이 지배적이다.

여담으로 중동 지역에서는 스키장 자체가 국력의 상징, 혹은 랜드마크급 건축물로 받아들여진다. 앞서 사우디의 인접국인 또 다른 사막 국가 두바이는 2005년 인공눈으로 조성된 스키 두바이(Ski Dubai)를 만들어 큰 관심을 모았지만, 눈의 질 때문에 일부 관광객들이 불평을 늘어놓기도 했다.

사우디는 네옴시티와는 별개로 현재 수도인 리야드에서 40킬로미터 남서방에 서울시의 절반 규모에 해당하는 334제곱킬로미터 규모의 초대형 테마파크형 도시 '키디야 복합 단지'를 2018년부터 건설 중이다. 해당 프로젝트는 2035년 최종 완공될 계획인데, 개중에는 대형 인공 스키장 건설 계획도 포함돼 있다. 키디야 프로젝트와 트로제나 중 먼저 완공된 스키장의 건설 노하우가 다른 한쪽에 전수될 전망이다.

이외 트로제나의 다른 시설물이나 구역들은 인공 호수를 중심으로 배치된다. 인공 호수는 호수변의 모양부터 다양한 엔터테인먼트 활동에 맞게 조각되며, 여기서는 다양한 수상 스포츠를 즐길 수 있다.

이색적인 풍경은 호수 수변 아래에 위치할 더 보우(The Bow) 지역이다. 사우디 정부가 발표한 조감도에 따르면 호수가 마치 바가지 같은 모양의 절벽에 담겨있는데, 그 아래 지역이 더 보우로 얼핏 아슬아슬해 보이기도 한다. 해당 지역에서는 컨퍼런스를 비롯해

더 볼트의 상상 조감도.²⁴

콘서트, 갤러리 등 다양한 글로벌 문화 이벤트가 개최될 예정이고 5성급 호텔 유치도 준비하고 있다.

트로제나 방문객들의 눈을 사로잡을 또다른 지역은 더 볼트(The Vault)다. 건축과 디지털 기술을 집약해, 유리와 물로 꽉 찬 인공 절벽 마을을 제작할 계획이다. 이 밖에도 야생동물 보호구역, 관측소, 초호화 맨션 등이 트로제나에 유치될 전망이다.

트로제나에서의 동계 아시안게임, 성공할까?

트로제나 프로젝트는 네옴시티 내의 다른 하부 프로젝트처럼 도전적이며 일견 무모해 보이기도 한 정량적 목표를 갖고 있다. 2030년까지 연간 관광객 70만 유치, 4성 이상 호텔 룸 3,600개 이상 확보, 4만 2,000제곱미터 이상의 상업 지구 확보 등이 그것이다.

트로제나의 성사 여부는 앞서 말한 것처럼 2029년 사우디 동계 아시안게임의 성패에 전적으로 달려있다고 해도 과언이 아니다.

지난 2021년 동계 아시안게임은 코로나19의 영향과 일정 문제로 단 한 개 국가도 유치를 신청하지 않아 무산된 바 있다. 이후 2022년 말 사우디가 동계 아시안게임 유치를 신청하며 확정됐지만, 과연

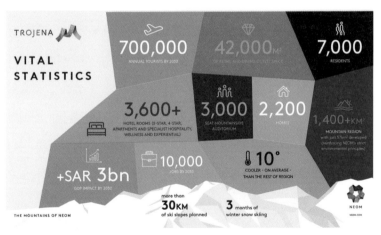

일견 비현실적으로 보이는 트로제나의 높은 관광 분야 목표. 빈 살만은 이것도 해낼 수 있을까?[25]

아라비아반도에서 동계 스포츠 대회를 성공적으로 유치할 수 있을지에 대한 부정적 시각이 주를 이룬다. 그러나 2034년 사우디 수도인 리야드에서 하계 아시안게임 또한 예정되어 있다는 점을 고려하면, 명예를 중시하는 아랍 왕정 국가의 특성상 어떤 비용을 치르든 그 전초전 격인 2029년 동계 아시안게임을 성사시키려 노력할 것이다. 만일 사우디 정부가 뚝심 있게 끝까지 아시안게임 개최를 밀어붙인다면, 이는 사상 최초로 서남아시아에서 열린 동계 스포츠 대회가 되며 역사를 새로 써 나가는 셈이다.

무함마드 빈 살만 왕세자의 아래와 같은 말은 사우디 정부가 트로제나에 걸고 있는 기대를 잘 보여준다.

"트로제나는 생태 관광 원칙에 기반한 장소를 조성해 전 세계의 산악 관광을 재정의하고, 자연을 보존하고 지역사회의 삶의 질을 향상시키려는 노력을 보여줍니다. 이는 사우디아라비아의 비전 2030 목표에 부합하며, 환경 보호를 위한 전 세계적인 노력에 동참하겠다는 약속을 확인시켜 줍니다. 트로제나는 사우디아라비아가 지리적, 환경적 다양성을 바탕으로 관광지를 조성하는 고유한 사례로서 이 지역 관광에 중요한 역할을 하게 될 것입니다. 이러한 미래 지향적인 비전은 산악 관광으로 사우디아라비아의 경제 다각화를 지원하는 동시에 미래 세대를 위해 천연 자원을 보존하는 수단이 됩니다."

신달라: 네옴시티 성공의 가능성을 엿보다

초호화 관광 섬이 쥐고 있는 네옴시티의 성패

신달라(Sindalah) 프로젝트는 네옴시티 서쪽에 있는 작은 섬의 개발 계획이다. 계획 안에는 섬에 요트 클럽과 스파, 럭셔리 리조트와 해안 등을 개발하겠다는 내용을 담고 있다. 얼핏 보면 흔하디흔한 GCC 일대 부국의 섬 개발 프로젝트 중 하나로 보인다.

그렇지만 신달라는 네옴시티 프로젝트 전체의 성패 여부를 예측할 수 있는 '리트머스 시험지' 같은 존재다. 전체 네옴시티 프로젝

신달라의 콘셉트 사진.26

트 중 가장 이른 시점인 2024년 완공을 목표로 진행되고 있기 때문이다. 신달라 프로젝트가 성공적으로 런칭된다면 네옴시티 프로젝트 전반에 대한 사우디 정부의 의지와 능력 모두 높다고 평가받을 전망이다. 반면 신달라 프로젝트가 지지부진해지거나 목표치에 크게 미달하는 결과를 보여줄 경우 네옴시티 프로젝트의 성공 가능성에 대한 회의론이 머리를 들 수밖에 없다.

　신달라 프로젝트는 전형적인 휴양지의 개발 공식을 충실히 따르고 있다. 이 섬은 네옴시티의 서남부, 홍해 한복판에 떠 있으며 무엇보다 중동의 최대 휴양 도시 중 하나인 이집트의 샤름 엘 셰이크와 바다를 건너 마주보고 있다. 신달라 프로젝트가 완성된다면 샤름 엘 셰이크의 관광 유동인구의 상당수를 흡수할 수 있으리라는 구상이다. 이를 위해 해안가와 3개의 럭셔리 리조트, 9홀 규모의

신달라의 계획을 담은 콘셉트 아트.[27]

골프장, 요트 클럽, 86대의 선박이 머무를 수 있는 마리나, 스포츠 클럽, 스파, 51개의 상점가를 조성 중이다.

신달라섬의 주된 관광 수요층은 GCC 지역의 부유한 거주자 및 유럽인들이다. 사우디 정부는 홍보 자료에서도 신달라가 바르셀로나, 모나코, 아테네 등 지중해 연안의 주요 도시와 배로 17시간밖에 걸리지 않는다고 설명하며 자신들의 주 타깃을 명확히 보여준 바 있다.

신달라섬의 경우 다른 네옴시티 내 하부 프로젝트에 비해 훨씬 성공 가능성이 높다는 평가를 받는다. 무엇보다 타깃이 명확하고, 관련 시장도 형성되어 있기 때문이다. 인접한 이집트의 샤름 엘 셰이크는 다이빙의 성소로도 불리며 전 세계 수상 스포츠 마니아들을 매년 불러 모으고 있다. 다만 아무래도 샤름 엘 셰이크 자체가

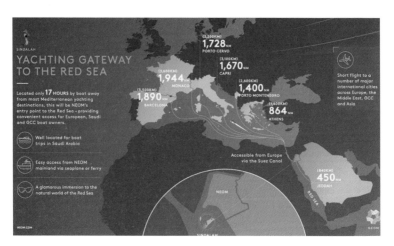

신달라는 유럽 및 중동 중산층 이상을 대상으로 하는 수상스포츠와 크루즈, 요트의 성소가
될까?[28]

중저가형 관광 상품이 주류를 이루며, 시설도 빠르게 노후화되고
있는 만큼 관련 수요가 인근 도시인 다합 등으로 분산되는 중이다.
만일 신달라가 제대로 된 관광 인프라, 특히 다이빙 및 수상 스포
츠 인프라를 조성한다면 샤름 엘 셰이크의 수요를 순식간에 흡수
할 수 있을 것이다.

반면 신달라의 성공을 발목 잡을 수 있는 가장 큰 요소는 사우디
의 종교적 경건주의다. 수상 스포츠의 특성상 노출과 파티 문화, 음
주는 피할 수 없다. 과연 신달라에서 외국인들은 맥주 한잔을 걸치
고 비키니에 혼성 댄스 파티를 즐길 수 있을까? 이게 안 된다면 외
국인들이 굳이 샤름 엘 셰이크나 다합을 버리고 신달라로 관광을
올 이유가 없다.

흥미로운 점은 신달라섬과 샤름 엘 셰이크 사이에 떠 있는 홍해의 작은 무인도 티란섬과 사나피르섬의 존재다. 이 두 섬은 본디 이집트 영토였으나 1967년 3차 중동전쟁때 이스라엘에 점령됐고, 양국이 평화협정을 맺으며 이집트 영토지만 이집트군이 주둔할 수 없는 기이한 형태로 남게 됐다. 이후 2016년 이집트 엘시시 정부는 사우디의 대규모 투자를 유치하는 대가로 두 섬의 소유권을 사

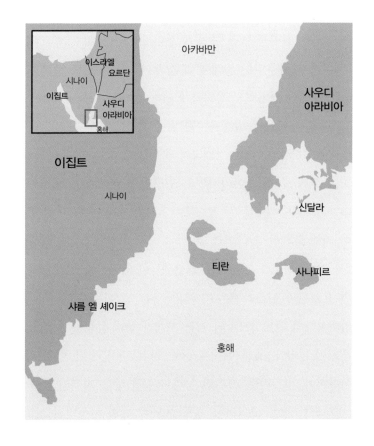

우디에 이전했다. 사우디 정부는 이후 이집트-티란-사나피르-사우디아라비아를 관통하는 사우디-이집트 코즈웨이, 이른바 킹 살만 빈 압둘아지즈(King Salman bin Abdulaziz) 대교 건설에 들어갔다.

성공적으로 건설이 마무리된다면 샤름 엘 셰이크부터 티란과 사나피르를 거쳐 네옴시티를 잇는 거대한 하나의 관광 벨트가 완성된다. 외국의 관광객은 카이로에서 피라미드를 본 후, 샤름 엘 셰이크에서 다이빙을 즐기고 육로로 신달라섬에 도착해 호화 리조트에서 숙박하는 경험을 누릴 수 있게 된다.

더 나아가 사우디는 홍해에 대한 통제권을 극도로 강화하며 주변국들에 대한 영향력도 강화하게 된다. 홍해는 아라비아반도 근처에서 크게 두 갈래로 갈라져 이집트로 향하는 수에즈만과 사우디-이스라엘-요르단-이집트 4개국이 국경을 맞대고 있는 아카바만으로 양분된다. 문제는 아카바만의 입구인 티란(Tiran) 해협은 매우 좁다는 점이다.

이 해협에 티란-사나피르 두 섬이 마치 버킹엄궁 경비병처럼 우뚝 서 있다. 해협을 관통하는 킹 살만 빈 압둘아지즈 대교가 완성되면 요르단과 이스라엘은 사우디의 허락 없이는 홍해, 더 나아가 아라비아해와 인도양으로의 접근 자체가 원천 봉쇄될 우려도 있다. 홍해가 소말리아, 예멘, 에리트레아, 에티오피아, 수단, 이집트, 사우디아라비아, 이스라엘, 요르단 등과 인접한 중동 지역의 젖줄과 같은 바다라는 점을 고려하면, 중동 지역에 대한 사우디의 영향력이 극대화될 것이라 추측해 볼 수 있다.

사나피르섬 바로 앞에 위치한 신달라섬 개발이 단순히 네옴시티를 위한 휴양지 건설일까? 아니면 주변국들에 대한 지정학적 우위를 점하려는 사우디 정부의 큰 그림일까? 시간이 그 답을 제공할 것이다.

네옴베이: 네옴시티의 정문

네옴시티는 중동을 넘어 지중해 및 인도양 국가들 사이에서의 신기술 및 금융 허브가 되기를 꿈꾸고 있다. 이를 위해서는 도시 자체의 인프라는 물론이고 국외와 네옴시티를 잇는 크로스 보더 교통 인프라도 중요하다. 네옴베이(Neom Bay)는 네옴시티의 대문 역할을 맡을 지역으로, 주거지와 함께 네옴베이 공항이 신설된다. 최초 계획에 따르면 네옴베이는 2020년까지 완성될 전망이었으나, 아직 공사가 마무리되지는 않았다.

네옴베이의 꽃이라 할 수 있는 네옴베이 공항(공항코드 IATA:

네옴시티 로고를 도색한 사우디의 국적사, 사우디아 항공.[29]

NUM / ICAO: OENN)은 지난 2019년 초부터 가동을 시작했다. 아직까지는 사우디 국적사 FSC인 사우디아(Saudia)와 사우디 국적 LCC인 플라이아딜(Flyadeal), 그리고 두바이 국영 LCC인 플라이두바이(Flydubai) 등 3개 항공사만 취항하고 있고, 런던과 두바이, 바레인 노선 정도를 제외하고는 담맘, 제다, 리야드 등 사우디 국내선을 중심으로 항공편이 편성돼 있다.

네옴시티의 성공적인 런칭을 위해 사우디아라비아 정부는 현재 국가 주도로 네옴베이 공항을 주 정착지로 하는 국적사를 준비 중이다. 다만 아직 구체적인 일정이나 계획은 나와 있지 않아 상당히 긴 시간이 소요되리라는 전망이 지배적이다. 그야말로 아직까지는 인샬라(Inshallah)의 영역에 머무르고 있는 셈이다.

메시,
그리고 빈 살만…
스포츠 워싱 논란?

2023년 5월, 세계적인 스포츠 스타 메시는 자신의 SNS에 사우디에서 가족들과 여유롭게 여가를 즐기는 사진을 올려서 화제가 됐다. 메시는 사우디의 해변에서 노을을 지켜보는 이 사진에 '#VisitSaudi', 즉 사우디를 방문하라는 해시태그를 올리기도 했다. 당시 메시는 소속 축구단이던 프랑스 파리생제르망(PSG)의 허락 없이 사우디를 방문해 징계를 받았으며, 이 갑작스러운 방문의 배경에 대해 전 세계 축구팬들의 관심과 의문을 모았다. 일각에서는 선수 생명이 그다지 길지 않은 메시가 은퇴를 앞두고 사우디 리그

소속 모 축구단과 고액의 이적 계약을 준비하는 게 아니냐는 소문도 나돌았지만 명확한 이유는 밝혀지지 않았었다.

이어 밝혀진 진상은 충격적이었다. 〈뉴욕타임즈〉는 같은 해 6월 18일 기사에서 메시가 사우디 관광청과 일종의 홍보대사 계약을 맺었다는 기사를 발표했다. 기사에 따르면, 메시는 매년 최소 한 차례 5일, 또는 두 차례 3일 이상 가족들과 사우디아라비아를 방문해야 한다. 해당 계약으로 메시는 200만 달러를 지급받는다. 메시의 가족을 포함해 최대 20명의 동반자를 데려올 수 있으며, 여행 경비와 최고급 호텔 패키지를 전액 무료로 제공받는다. 대가로 메시는 SNS에 지속적으로 사우디 관광에 우호적인 포스팅을 올려야 한다.

이에 전 세계 축구팬들의 반응은 반반으로 나뉘었다. 팀 훈련과 스케줄도 도외시하고 오일머니에 관심을 들여 무단 이탈한 메시를 비난하는 목소리가 거센 반면, 관광 홍보대사로 활동하는 게 무슨 문제냐는 옹호의 목소리도 나온다.

다만, 이번 사건의 본질은 빈 살만이 이끄는 사우디 정부의 '스포츠 워싱' 논란의 연장선에 있다.

스포츠 워싱(Sports Washing)이란 스포츠와 이미지 세탁(White Washing)이라는 단어를 결합한 신조어다. 아제르바이잔의 독재자, 일함 알리예프가 포뮬러 원(F1) 2016 그랑프리, 유럽축구연맹(UEFA) 2018 결승전 등을 유치해 본인의 부정적 이미지를 세탁하며 집중적으로 사용되기 시작했다. 사실 독재국가에서 유치하는 대부분의 국제 행사는 항상 스포츠 워싱 논란에서 자유로울 수 없다.

손기정 옹이 일장기를 달고 마라톤에서 금메달을 딴 1936년 베를린 올림픽은 아직까지도 나치 독일의 정권 합법화의 도구라는 날선 비난을 듣고 있다. 한국 또한 1986년 아시안게임과 1988년 올림픽 모두 3S(Sex-Screen-Sports) 정책의 연장선상에서 이뤄진 권위주의 정권의 스포츠 워싱이라는 평에서 자유로울 수 없다.

2000년대 후반부터 2010년대 초반까지 스포츠 워싱의 주된 혐의를 받던 나라는 중국이었다.

2008년 베이징 올림픽과 2010년 상하이 엑스포, 2010년 광저우 아시안게임을 잇따라 개최하면서 G2로 자리매김하는 데에는 성공했지만 동시에 일당 독재, 티베트/위구르 독립운동에 대한 무자비한 탄압을 국제 행사로 눈속임했다는 비판을 꾸준히 받아왔다.

그리고 새로운 스포츠 워싱의 선두 주자(?)로 꼽히는 나라가 바로 빈 살만이 이끄는 사우디아라비아다.

앞서 언급했듯이 사우디아라비아는 이미 2029년 네옴시티 동계 아시안게임과 2034년 리야드 하계 아시안게임을 확정지었고, 2030년 엑스포 유치를 추진중이다. 이 밖에도 빈 살만은 2021년부터 F1 레이싱을 유치하고, 같은 해 사우디국부펀드인 PIF를 활용해 영국의 명문 축구단인 뉴캐슬 유나이티드를 인수해 사실상 구단주로 부임하기도 했다.

빈 살만 왕세자가 '스포츠 워싱'이라는 비난에도 유독 국제 대회 유치와 스포츠 마케팅에 사활을 거는 이유는 무엇일까?

가장 큰 이유는 역시 비판론자들의 주장대로 사우디아라비아의 국위 선양과 이미지 제고일 것이다. 그동안 전 세계에서 가장 닫힌 국가라는 비아냥을 받아 왔던 사우디의 이미지를 개선하고, 사우디 국민들에게 자긍심을 심어줄 수 있다는 효과는 막대하다고 볼 수 있다.

또 다른 이유는 빈 살만식 외교와 스포츠 행사를 앞세운 행보가 결이 잘 어울린다는 사실이다.

앞서 설명했지만 건국 이래의 사우디 외교를 요약하자면 '친미, 수니파 이슬람의 수장'이라는 두 가지 테마에 맞추어 자신들의 막대한 오일머니와 메카 및 메디나의 수호자라는 종교적 권위를 적극 활용해 왔다는 것이다. 그러나 이는 융통성이 떨어지고 구시대적이라는 평을 들어 왔다.

반면 빈 살만은 친미 노선을 벗어나 적극적인 다자 외교를 추구하고, 오랜 적국이던 이란, 이스라엘과도 우호적 분위기를 조성하는 등 파격적인 노선을 걷고 있다. 다양한 국제 분쟁과 복잡한 외교 전선에 적극 개입, 조정자로서 사우디아라비아의 위상을 끌어올리며 중동의 능동적인 패권국가로 포지션을 전환(Pivot)하고 있다는 의미다. 바로 이런 역할이 돋보이려면 수백 개의 국가들과 정상이 모이는 국제 행사와 스포츠 행사가 제격이다.

더 나아가 빈 살만의 주된 지지층인 사우디 젊은이들의 인기를 끌어낼 수 있다는 점도 크다.

다만 빈 살만 스타일의 '스포츠 워싱'이 언제까지 효과를 볼 수 있을지는 미지수다. 아무래도 대놓고 스포츠 워싱을 노린 행사들은, 그 행사가 그치면 수년 내로 소위 '약발'이 떨어지게 마련이다. 계속해서 빈 살만은 본인의 이미지에 후광을 씌울 수 있는 백색 소음(buzz)을 만들어낼 수 있을까? 향후 그의 행보에 관심이 쏠리는 이유다.

4

네옴시티는 대박인가, 신기루인가?

네옴시티 프로젝트의
과제들

3장에서 다룬 내용만 보면, 네옴시티는 아라비아반도, 더 나아가 중동 전 지역의 경제 및 지정학적 판도를 뒤집어 버릴 수 있는 수준의 혁신적인 프로젝트다. 이전에 시도해 본 적 없는 도시 개발을 통해 건축사에 유례 없는 초대형 인공 도시가 생성되리라는 장밋빛 환상도 눈에 그려지는 듯하다.

그러나 대부분의 건축학자들과 언론들은 네옴시티의 실현 가능성에 대해 엇갈린 시각을 내놓고 있다. 대체로 사우디 및 해당 프로젝트에 잠재적인 수혜를 입을 기대가 높은 한국과 같은 지역에

네옴시티의 벤치마크 및 경쟁 도시로 불리는 UAE 마스다르시티 예상 조감도.[1]

서는 실현 가능성을 높게 점치고 있다. 이로 인한 수혜 역시 기대하는 눈치다. 반면 미국과 유럽 등 서구 언론에서는 네옴시티의 성공 가능성을 낮게 판단하고 있다. 각각의 목소리 모두 가치 중립적인 냉정한 평가보다는 자신의 이익에 맞게 기대 섞인 혹은 비판적인 시선을 보내는 양상이다.

본서에서는 어느 정도 시간이 지나기 전까지는 성공 가능성에 대한 판단을 유보해 두고자 한다. 장밋빛 미래는 앞장에서 충분히 설명했으니, 이번 장에서는 비판의 목소리를 중심으로 담아 보고자 한다.

여담이지만, 네옴시티의 성공 가능성을 이야기하면서 반드시 함께 언급되는 사례가 인접국 UAE 아부다비에서 추진한 마스다르시티이다. 마스다르시티는 무려 지난 2008년부터 건설이 시작된 제로 탄소 기반 스마트 신도시로 2030년 완공을 목표로 진행 중이다. 석유 부국이 국가 단위에서 추진하는 제로 탄소 스마트시티라는 점이 네옴시티와 빼닮았지만, 그 규모는 네옴시티와 비교하면 많이 검소한(?) 수준이다.

마스다르시티는 200억 달러를 투자해 총 면적 6제곱킬로미터의 도시를 구축, 5만 명 정도의 인구, 1500개의 기업을 수용한다는 지극히 현실적인 목표를 두고 있다. 판교 신도시가 약 8제곱킬로미터에 9만 명 정도가 거주하고 있다는 점을 고려하면, 판교의 3분의 2 정도 규모다. 마스다르시티 내에서는 다양한 R&D 센터와 국제재생에너지기구(IREA) 본부, 지멘스 본사 등이 유치될 계획이다.

첫 삽을 뜬 지 15년이 지났지만, 영미권 외신 중에는 마스다르시티를 사실상 실패한 프로젝트로 간주하는 시각도 있다. 2023년 현재까지도 1단계 건설만 간신히 마친 데다가, 실제 수용 인구도 아직 2000여 명에 불과하고, 일각에서는 공기가 2030년을 넘길 가능성도 나오고 있다. 6제곱킬로미터의 신도시조차 이렇게 오랜 시간이 걸려도 지지부진하기에, 이보다 수백 배 규모의 사업인 네옴시티가 성공하기는 더욱 어렵다는 비판이 제기되는 것이다.

170킬로미터의
인공 선형 도시,
지리 환경도 '주요 변수'

    네옴시티의 성공 가능성에 대한 비판은 특히 '더 라인'에 쏠려 있다. 수평으로 170킬로미터에 달하는 긴 벽을 조성하고, 이 안에 수직형 도시를 배치한다는 구상을 두고 일각에서는 영화에 나오는 초현대 도시 와칸다나 현대판 바벨탑에 비견하곤 한다. 비판은 크게 세 가지 논점으로 집중된다.

    첫째, 무려 170킬로미터에 해당하는 장벽형 건물이 가능하냐는 점에 대한 우려다.

    고대부터 지어지기 시작한 만리장성의 거리가 5,000킬로미터를

더 라인은 모듈러 공법으로 지어질 계획이지만, 초고층 초대형 빌딩을 지은 사례가 거의 없어 안전성 우려도 제기된다.[2]

넘어선다는 점을 고려하면 단순히 170킬로미터의 벽을 건설하는 일 자체는 그다지 난이도가 높지 않아 보인다. 문제는 이 벽의 높이가 500미터, 폭이 200미터에 달하며, 건물 내부와 지하에 초고속 철도 등 다양한 모빌리티가 내재돼야 한다는 점이다. 따라서 각 부분의 기초 구조를 분리해서 지은 후 레고 장난감처럼 이를 끼워 맞추는 모듈러 공법을 활용할 계획이다. 모듈러 공법을 활용할 경우 시간을 단축할 수 있으며, 현장에서의 돌발 상황에 큰 영향을 받지 않을 수 있다는 장점이 크다. 다만, 이 정도 규모의 건물이 모듈러 공법으로 지어진 사례는 단 한 번도 없다. 모듈러 공법 자체가 2000년대에 들어와서 본격적으로 활용되기 시작한 만큼, 대규모 건축에 활용해도 별다른 문제가 없을지에 대한 실증적 증거가 없다.

실제로 모듈러 공법으로 유명한 중국의 BSB 사는 2013년 중국 후난성에 스카이시티라는 높이 838미터의 초대형 마천루 빌딩 건설에 들어갔으나 이후 별다른 진척 없이 현재까지 프로젝트가 계류 중이다. 일설에 따르면, 중국 정부에서 건설사 측에 안전 문제를 강하게 제기한 결과라고 한다.

건설의 실현 가능성은 타북 지역의 지리적 환경과 맞물려 우려를 키우고 있다. 네옴시티가 위치할 타북은 아라비아 지각판과 아프리카 지각판이 만나는 단층선 근처에 위치해 있어 지진이 종종 발생한다. 지난 2022년 10월에도 진도 3.4 규모의 지진이 발생한 바 있으며, 2004년에도 진도 4.6의 지진으로 재산 피해가 발생하기도 했다. 타북 근처의 홍해 및 아카바만 또한 아라비아반도에서 대표적인 지진 빈발 지역으로 꼽힌다. 더 라인도 당연히 어느 정도 내진 설계를 기반으로 지어지겠지만, 워낙 건축물이 높고 긴 만큼 대형 지진이 발생할 경우 그 피해는 천문학적일 것이라는 우려가 크다.

둘째는 더 라인이 제대로 된 도시로 자생할 수 있냐는 우려다.

사우디아라비아 정부의 구상에 따르면 약 1000만 명의 인구를 더 라인에 수용할 계획이지만, 실제로 해당 인구가 거주할 만큼의 인프라를 구축하기는 낙타가 바늘구멍을 통과하기만큼 어려워 보인다. 지상만 500미터 수준이고, 지하까지 포함하면 사실상의 높이는 700미터에 달한다. 이런 건물이 170킬로미터나 길게 뻗어 있다면 건물 내 이동 동선을 효율적으로 배치하고, 생활에 필수적인 마트, 관공서, 문화 시설 등을 배치하는 것 자체가 가능할지가 의심스럽다. 여의도나 강남의 오피스 빌딩에 입주한 직장인들조차도 출퇴근 시간에는 엘리베이터에서 수십 분 이상을 줄 서서 기다리는 경우가 있는데, 더 라인에서는 이런 기다림이 극대화될 수 있다는 의미다.

막대한 인구가 소비할 수 있는 만큼의 충분한 식량과 물이 공급될 수 있을지에 대한 의구심도 있다. 앞서 한 BBC 기사에서는 "현재도 식량의 80%를 수입하는 국가가 수직농업과 온실재배를 통해 식량 자급을 달성할 수 있을까?"라고 의문을 제기한 바 있다.

셋째는 거주 가능성의 문제다. 일광 및 외풍 이슈로 실질적인 거주성이 떨어지는 슬럼형 도시로 전락하리라는 비판에 대해서는 아직 사우디 정부에서 제대로 된 답을 내 놓지 못하고 있다. 과거 홍콩의 구룡성채나 남아공의 폰테 타워는 재개발되기 전까지 외부인이 발을 들여놓지 못하는 인외마경으로 악명 높았다. 지나치게 높은 용적률과 떨어지는 주거성 때문에 정상적인 거주자가 떠나고, 빈민과 갱단이 몰려들어 범죄의 소굴로 전락한 탓이다.

건축학적으로도 리스크는 많다. 건물 고도가 높아질수록 외풍이 강해지며 이로 인해 창문을 열지 못해 필요한 적정 환기량을 확보하기가 어려워진다. 한국은 층수 50층 또는 200미터 이상의 건물을 초고층 건축물로 정의하고 있는데, 거주 목적의 초고층 건축물

네옴시티 측이 제시한 네옴시티 기층부의 일광. 대부분의 건축가들은 실현 가능성에 대해 회의적이다.[3]

의 경우 지속적으로 풍속 및 환기 이슈가 발생하고 있다. 500미터에 달하는 더 라인의 경우 더 말할 필요도 없다.

더 라인의 현재 설계는 두 개의 벽 사이에 폭 200미터의 부지가 존재하는 구조인데, 이 경우 양 벽 사이에 끼인 부지 및 건물 저층부 일광량은 하루 동안 고작 수십 분에 불과할 가능성이 높다.

그 결과 거주성이 상대적으로 우월한 상층부는 부유층이 거주하고, 하층부는 빈곤층이 거주하는 디스토피아적 도시가 구성되리라는 우중충한 분석도 나온다.

700조? 2000조?
거대한 건설비,
조달 가능할까

사우디아라비아 정부는 초기 네옴시티 전체의 사업비를 약 700조 원 정도로 발표했으나, 현재 더 라인 프로젝트의 건설 비용만 1조 달러(약 1,300조 원)에 육박한다는 분석도 나오고 있다. 일각에서는 무려 2,000조 원으로 추정하기도 한다. 최소치를 감안하더라도 대한민국 1년 예산(2022년 기준으로 607.7조 원)을 훌쩍 넘어선다. 참고로 사우디아라비아의 1년 국가 예산은 지난 2021년 2770억 달러, 한화로는 약 371조 원으로 한국의 60% 수준이다.

네옴시티의 거대한 건설비는 GCC 간의 자존심을 건 '인프라 투

두바이의 군주 셰이크 무함마드 빈 라시드 알 막툼. GCC의 유능한 계몽 군주로 잘 알려져 있으며, 최근 D33을 발표하며 네옴시티를 견제하는 모양새를 보여 주고 있다.[4]

자 경쟁'을 부추기고 있다. UAE 경제 허브 두바이의 수장, 셰이크 무함마드 빈 라시드 알 막툼은 2023년 1월, 향후 10년간 100개의 혁신 프로젝트를 추진하겠다고 발표했다. D33이라고 명명된 이 프로젝트가 계획대로 순탄하게 수행된다면 여기에 투입되는 자본 규모만 32조 디르함, 약 1경 1,000조 원에 달하게 된다. UAE 수도 아부다비는 상술한 대로 마스다르시티 건축에 한창이다.

기본적으로 사우디 정부는 1차적인 네옴시티 사업비를 국가가 부담할 계획이다. 2022년에는 2290억 달러(약 300조 원)를 사우디 국부펀드를 통해 조달할 것이며, 이를 위해 우선 800억 달러(약 104조 원) 규모 투자 펀드를 조성하겠다고 밝힌 바 있다.

부족한 비용 중 일부는 민간의 투자와 IPO를 통해서 조달할 계

네옴시티 투자 사무실 외경.[5]

획이다. 앞에서 살펴보았듯이 2019년 사우디 정부는 왕가 소유의 세계 최대 석유 회사인 사우디 아람코(Saudi-Aramco)를 미국 주식시장에 상장시키며 순식간에 256억 달러(약 34조 원)를 조달한 바 있다. 이때의 경험을 살려 IPO를 네옴시티 건설의 지렛대로 삼으려는 구상이다.

네옴시티는 2024년부터 민간 투자를 유치할 계획으로, 총 투자유치 규모는 2000~3000억 리얄(약 70조~105조 원)까지 이를 수 있다. 무함마드 빈 살만 왕세자는 한 국영방송과의 인터뷰에서 "네옴시티의 IPO는 사우디 주식시장에 약 1조 리얄(350조 원)을 더할 것"이라며 "프로젝트 완료 시 5조 리얄(1,744조 원)의 가치가 사우디 증권 거래소에 기여되리라 본다"고 밝힌 바 있다. 물론 이는 네옴시티에 대한 직접 투자 금액은 아니고 관련 종목들의 시가총액을 모두 더한 기대치다.

성공적인 외자 유치를 위해 사우디 정부는 오는 2023년 하반기에는 한국을 필두로 전 세계를 대상으로 하는 순회 로드쇼(Road Show)를 준비하고 있다. 이 밖에도 네옴시티를 기반으로 한 프로젝트성 부동산 펀드나 리츠의 글로벌 마켓 및 사우디 내 시장 IPO에 대한 소문도 나오고 있다.

일각에서는 사우디 아람코의 왕가 지분이 추가적으로 시장 매물로 나온다는 추측도 있다. 왕가의 자본력을 강화하기 위해 핵심 자산인 아람코의 일부 지분을 처분할 수 있다는 이야기다. 실제로 사우디 아람코는 핵심 자회사 중 하나인 윤활유 분야 자회사 루브레프의 IPO를 통해 10억 달러(약 1조 3000억 원)을 조달하겠다는 계획을 세우고 2022년부터 관련 작업에 들어가기도 했다.

중동의 고질적인
인샬라 리스크, 또다시?

중동 지역 대규모 건설 프로젝트의 고질적 문제가 네옴시티의 실현성을 낮춘다는 분석도 있다. 이른바 인샬라 리스크다.

중동 지역, 특히 무슬림들 사이에서는 인샬라(inshallah), 단순히 해석하면 '신의 뜻대로 잘 이루어지길 바란다'라는 표현이 널리 쓰인다. 이슬람교에서 유래한 이 표현은 영어의 "okay, no problem(괜찮아. 문제 없어)"과 유사한 의미로 아랍인들과 서너 마디 말을 주고받다 보면 항상 등장하곤 한다.

문제는 이 인샬라라는 표현이 애초의 의미와는 달리 책임 회피

한화건설은 이라크 비스미야 프로젝트를 두고 철수한 바 있다.[6]

용 단어로 악용되는 경우가 종종 있다는 것이다. '신의 뜻대로' 풀리지 않았으니 어쩔 수 없다며, 약속한 사항을 현지인이 제멋대로 엎어버리는 데 사용하기 때문이다. 중동에서 건설 및 토목 사업을 수주한 한국 기업들이 발주처의 변심으로 대금 지급이 밀리거나 일방적으로 프로젝트가 취소되는 고생을 하며 자주 겪는 일이다.

이 인샬라 리스크의 가장 최근, 최대 규모의 사례로는 한화건설의 비스미야 프로젝트가 있다. 한화건설은 지난 2022년 말, 이라크 비스미야 신도시 사업을 전격 철수하며 영업 손실을 본 바 있다. 총 사업비 14조 원짜리 메가 프로젝트였지만 이라크 투자위원회와 기성금 지급을 두고 갈등이 빚어지면서 전격 철수를 결정한 것이다. 이와 유사하게 2017년에도 현대엔지니어링과 현대건설이 수주한 이란 사우스파12 2단계 확장공사와, 대림산업이 수주한 이란 이스파한 정유공사 등등도 현지 발주처와의 갈등으로 해지되며 해당 건설사에 큰 손실을 끼친 바 있다.

중동 지역의 의사결정 구조와 계약 프랙티스(Practice) 등이 우리와 다른 만큼, 발주처의 일방 변심으로 시공사가 큰 손실을 입는 경우가 흔하다 보니 과연 실력 있는 건설사가 네옴시티에 참여할지에 대한 우려도 나온다. 실제로 SBS 시사프로그램 〈그것이 알고 싶다〉에서는 지난 2022년 12월 24일 1334화 "제2의 중동 특수? 빈 살만 사우디 왕세자의 '네옴시티'는 무엇인가"에서 이와 같은 우려를 집중적으로 다루기도 했다.

중동 지역의 만성적인 저가 수주 우려도 네옴시티의 성공 가능성에 빨간불을 켜는 요소다. 한국계 주요 건설사들은 2010년대 초반 중동발 저가 수주로 곤욕을 치렀다. GS건설과 삼성엔지니어링, 대림산업, SK건설, 대우건설 등 굵직한 건설사들은 당시 떠오르는 중동 건설시장을 잡기 위해 다소 무리에 가깝게 플랜트 등 프로젝트 시공 수주에 나섰다. 주된 발주처인 중동 각국 정부도 저가 수주를 당연시했고, 당시 급성장하던 중국계 건설사들도 스스로 가격 후려치기에 나서면서 통상적인 가격보다 매우 낮은 비용에 한국계 건설사들이 공사를 떠맡게 되었다. 그러나 이후 부실 사업장이 속출하며 이들 대형 건설사들은 재무적으로 큰 타격을 입었다.

아시아계 대형 건설사들이 저가 수주 트라우마에서 아직도 자유롭지 않은 상황에서 네옴시티 프로젝트가 예상 가격보다 낮게 발주된다면, 실적과 실력을 갖춘 대형 건설사들은 참여에 주춤할 수밖에 없다. 프로젝트 시공에서 무리한 저가 수주가 주를 이룬다면 당연히 부실 공사나 공기 지연 등의 이슈가 발생할 수밖에 없을 것이다.

사우디 정부는 이미 여러 차례 대규모 건설 프로젝트를 스스로 포기하면서, 이와 같은 우려를 키우는 중이다. 제다 타워(Jeddah Tower)는 지난 2013년부터 건설에 들어간 초고층 건축 프로젝트지만 현재 완공이 무기한 연기된 상태다. 지난 1956년부터 구상해온 이 건물은 원안대로라면 세계 최고인 1킬로미터 높이에 달하며, 총 공사비는 12억 3000만 달러(약 1조 8000억 원)로 예상되었다. 사우디의 주요 건설 기업인 빈라덴(Binladin) 그룹이 시공을 맡았으나 2018년 이후로 공사가 전혀 진행되지 않고 있다. 현재 제다 타워는 사우디의 주요 경제 항구인 제다시에 반쯤 완공된 모습으로 흉물스럽게 덩그러니 서 있다.

제다 타워가 무산된 가장 큰 이유는 정치적 이슈다. 빈라덴 그룹의 회장인 바크르 빈 라덴이 왕세자인 무함마드 빈 살만의 눈 밖에 나면서 2018년 사실상 숙청당했고, 이후 회사의 지분을 내놓고 경영 일선에서 물러나며 프로젝트가 전면 좌초됐다. 공사 재개가 시도되기도 했지만 곧 이은 코로나19의 여파로 이후 현재인 2023년 상반기까지 별다른 재개 모습은 보이지 않고 있다.

제다 타워는 원래 제다 신도시 개발 프로젝트의 상징물로 계획됐다. 제다 신도시 개발 프로젝트는 5.2제곱킬로미터의 황무지에 3단계에 걸쳐 총 200억 달러를 투입, 경제자유구역을 조성하는 원안이었지만, 이 또한 미래를 장담하기 어려운 상황이다. 일각에서

2021년 5월에 찍은 사우디 제다 타워의 사진. 네옴시티 무산 리스크를 잘 보여 주는 상징적인 건물이다.[7]

는 제다 신도시를 전면 취소하고 해당 자본과 인력을 전부 네옴시티로 돌릴 수 있다는 소문도 들려온다.

'카타르 월드컵'의
반면교사,
인권 침해 우려

네옴시티 프로젝트가 실현 가능하더라도 이를 위해 건설 노동자와 현지 주민들이 대규모의 희생을 감내해야 할 수 있다는 우려도 크다. 역대 진행된 적이 없는 대규모의 공사가 5~6년 내로 성과를 보여야 하는 만큼, 대규모의 노동력이 공기를 맞추기 위해 동원될 전망이다. 그럼에도 불구하고 사우디를 포함해 GCC 국가들은 대규모 토목 및 건설 프로젝트를 진행하면서 다수의 산업재해가 발생하는 일을 '필요악'으로 간주하고 있다.

사우디의 이웃 국가인 천연가스 부국 카타르는 2022년 11월, 세계 최대 규모의 스포츠 축제인 월드컵을 성공적으로 유치해 큰 관심을 모았다. 중동 최초의 월드컵 개최를 위한 강행군을 통해 2010년부터 10여 년 만에 7개의 경기장과 1개의 공항이 지어졌는데, 이 공사의 대부분은 카타르인이 아니라 인도, 파키스탄, 방글라데시 등 서남아시아 개발도상국에서 유입된 이주 노동자들이 맡았다. 그리고 이 공사 중에 산업재해와 무더위 등으로 무려 6,700여 명의 노동자가 사망한 것으로 추정된다. 미처 통계에 반영되지 못한, 숨은 산업재해 피해자나 중상해를 입은 사람을 포함하면 실질적인 피해자는 수만 명에 달하리라는 끔찍한 분석도 있다. 이에 국제 인권단체 앰네스티(Amnesty)는 2012년부터 2022년까지 10년에 걸쳐 여러차례 카타르 월드컵으로 인한 이주 노동자 박해와 인권유린에 대해 경각심을 촉구하는 캠페인을 개최하기도 했다. 이로 인해 카타르 월드컵은 전 세계 언론으로부터 '피의 월드컵'이라는 불명예스러운 별명을 얻기도 했다.

카타르는 월드컵의 성공적 개최를 위해 후보지 선정 이후 약 10년에 걸쳐 300조 원에 가까운 돈을 투자한 것으로 알려졌다. 네옴시티의 경우 첫 글로벌 데뷔인 아시안게임까지 이제 고작 5년 남았고, 투자 비용은 최소 700조 원에서 2,100조 원에 달할 전망이다. 자칫하면 네옴시티에서는 카타르 월드컵의 수 배에 달하는 수만 명의 산업재해 사례가 등장할지도 모른다.

GCC 국가들 사이에서는 카팔라(Kafala) 시스템이 노동권 유린과 만성적인 산업재해의 원인으로 꾸준히 지목되어 왔다. 카팔라 시스템이란 중동 지역 고유의 계약 체계로 해외 고용주들과 이주 노동자가 일종의 후원 계약을 체결, 이후 고용주가 노동자 통제 및 관리권을 행사하게 되는 형태다. 비자 후원과 보증을 고용주가 전적으로 담당하는 만큼 노동자는 노동삼권은 고사하고 임금체불이나 노동착취에도 제대로 항의하기가 어렵다. 여차하면 한 푼도 받지 못하고 국외로 추방당할 수도 있는 열악한 처지에 놓여있는 것이다.

사우디는 지난 2020년 G20 의장국으로 선정되며 공식적으로 카팔라 시스템을 폐기했다. 그러나 그동안의 관습과 제도적 미비로 인해 외국인 노동자들은 대부분 제대로 된 보호를 받지 못하며 열악하고 위험한 노동 환경에 내몰려 있는 실정이다. 네옴시티에서도 이와 같은 일이 반복될 가능성이 크다.

타북 일대의 이주민들이 제대로 된 보상을 받지 못하고 궁지로 내몰리고 있다는 점도 네옴시티를 향한 국제 사회의 시각을 날카롭게 하는 요소다.

2020년 4월, 네옴시티 개발 예정지인 알 쿠라이바(Al-Khuraybah) 출신 주민 압둘 라힘 알 후와이티(Abdul Rahim al-Huwaiti)는 자신의 거주지가 강제 수용된 것에 반발하다가 사우디 정부에 의해 사형당했다. 그는 소수민족인 후와이타트(Huwaitat) 출신으로 네옴시티 프로젝트의 일방적 진행의 부당함을 SNS를 통해 여러 차례 토로했고, 결국 사우디 정부의 눈엣가시로 분류되었던 것이다. 같은 해 10월에도 후와이티의 형제를 포함해 후와이타트 출신 부족민 3명이 추가로 사형 선고를 받는 등 이주 갈등은 극단적인 형태로 현재 진행 중이다.

네옴시티 완공을 위해서는 약 2만 명에 달하는 현지인들이 삶의 터전을 버리고 이주해야 할 것으로 예측된다. 더 많은 비극이 발생하지 않을지 우려되는 상황이다.

네옴시티, 사막 위의
'판옵티콘'이 될까

네옴시티가 디지털 기반의 초대형 판옵티콘, 즉 감시 사회를 구축하는 첫걸음이 될 수 있다는 우려도 있다. 계획대로라면 네옴시티는 모든 정보를 디지털 데이터로 변환, 이를 토대로 유기적으로 공공 서비스 및 인프라를 제공하는 빅데이터형 맞춤 도시로 구축된다. 문제는 이 빅데이터가 사우디 정부 또는 권력자의 입맛에 맞게 제멋대로 유용될 수 있다는 점이다. 제대로 된 익명화 및 정보 보호 절차가 제공되지 않는다면, 사막 한복판에 빅브라더가 구현되는 〈1984〉형 디스토피아가 펼쳐질 가능성도 있다.

중국의 경우 빠른 경제 성장 와중에도 권위주의적 거버넌스와 정치 사회 체제가 유지되면서, 디지털 기술이 자유가 아닌 감시와 통제의 수단으로 확고히 자리 잡았다. 정부가 일일이 개인의 휴대 전화를 몰래 들여다보고 세계에서 가장 많은 CCTV를 통해 모든 인민들의 동선을 실시간으로 추적한다.

네옴시티가 중국의 전철을 밟아 역대 최대, 최고 수준의 기술로 구현된 판옵티콘이 되리라는 걱정에는 나름의 합당한 근거가 있다. 사우디아라비아에서 유통되는 CCTV 중 40%가 중국산이며, 중국 통신 장비 업체 화웨이 또한 중국-사우디 간의 밀월에 힘입어 사우디로의 중동 본사 이전을 검토하고 있다. 두 나라 모두 현재 인터넷 검열이 세계 최고 수준이라는 점을 고려하면 기술적인 제휴가 이루어질 가능성도 있다.

실제로 로이터 통신은 2022년 한 기사에서 이와 같은 악몽이 어떻게 구체화될 수 있는지를 조망한 바 있다. 더 라인의 경우 1000만 명에 달하는 거주자의 각종 데이터를 수집 · 활용해 맞춤형 생활 서비스를 제공하겠다고 밝혔지만, 이 데이터가 구체적으로 어떤 익명화 및 보호 절차를 거칠지는 아직 하나도 공개되지 않았다. 오히려 개인을 감시하거나, 수집 목적과 전혀 다른 방향으로 악용될 가능성도 있는 것이다.

사우디 정부는 건국 이래로 단 한 번의 예외도 없이 정보의 감시와 통제에 힘을 싣고 있다. 지난 2018년에는 반왕실 · 반정부 성향의 〈워싱턴포스트〉 칼럼니스트인 사우디 국적 언론인 자말 카슈크지를 암살해 국제사회에 큰 논란을 일으켰으며, 2023년에는 위키피디아 중동 지역 관리자 2명에게 각각 32년, 8년의 실형을 선고했다. 이 밖에도 종교 및 정치적 콘텐츠, 그리고 성인물 등에 대한 인터넷 검열을 만성적으로 시행 중이다.

이와 같은 우려는 거주자들의 권리를 침해하는 일이면서, 동시에 네옴시티의 성공 가능성을 낮추는 요소가 될 수 있다. 네옴시티는 글로벌 디지털 허브를 지향하고 있고, 목표를 달성하기 위해서는 다양한 국적의 해외 전문가들을 영입해야 한다. 따라서 전문가들의 상당수는 자유 및 인권 지수가 높은 북미·유럽 선진국 출신이 많은 비중을 차지하게 될 것이다. 과연 도시 미관이 아름답고, 집값이 싸며 연봉이 높다는 이유만으로 이들이 정보 통제가 심한 사막의 신도시로 이민을 결심할 수 있을까?

사우디 내의 빈 살만 반대파,
네옴시티 발목 잡을까

앞서 살펴본 것처럼 빈 살만의 통치 스타일은 근대 유럽에서 출발한 전형적인 계몽 전제 군주에 가깝다. 중동에서도 가장 폐쇄된 국가였던 사우디아라비아의 문호를 과감히 열어젖히고, 외교나 경제적으로도 기존에는 시도하지 않았던 근본적인 개혁을 추진하고 있다. 네옴시티를 비롯해 미래지향적인 신규 프로젝트에 큰 돈을 투자하고, 사상 최초로 여성의 운전을 허용하며 증권거래소에 여성 대표를 임명하는 등 파격 행보를 걷고 있다.

동시에 자신과 사우디 왕정에 반대하는 세력에 대해서는 무리수

사우디의 대표적인 반체제 언론인이었던 카슈크지는 2018년 암살되며 빈 살만의 무자비함을 부각시키는 계기가 됐다.[8]

를 두더라도 일고의 양보를 하지 않고 엄단 중이다. 성공적 가치투자로 '중동의 워런 버핏'이라 불리는 자신의 사촌 알 왈리드 빈 탈랄을 고문해 막대한 몸값을 받아내고(2017), 인접국인 레바논의 하리리 총리를 납치해 사임을 강요했으며(2017), 반체제 언론인 자말 카슈크지를 튀르키예까지 쫓아가 암살하는(2018) 등 이 역시 다른 의미로 파격적인 행보다.

이로 인해 사우디 내부에서는 크게 두 갈래의 반체제 세력이 형성되고 있다는 분석이 나온다.

첫번째는 빈 살만의 개혁 정책에 저항하는 종교적 보수주의 세력이다. 사우디아라비아는 건국 초기부터 와하브 세력과 밀접하게 관계를 맺고 있었다. 창시자인 무함마드 빈 압둘 와하브(1703~1792)의

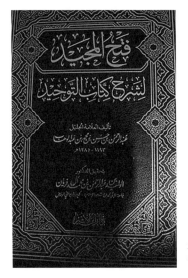

와하비즘 계열의 중요한 종교 서적인
'키탑 알 타위드(Kitab al-Tawhid)'.[9]

이름을 딴 이 강경 보수주의 이슬람 종파는 반외세와 아랍중심주의를 주장하며 아라비아반도에서 폭발적인 인기를 끌기 시작했다. 19세기 초부터 독립 왕국 건설에 나섰던 사우디 왕가도 이들과 우호적 관계를 맺으며 대중 사이에서의 인기도를 끌어올렸다. 다만 2차대전 전후로 사우디 왕가는 친미 노선을 걸으며 와하브 파와 거리두기를 시도하고 있다. 그러나 아직 이들의 영향력은 종교계를 중심으로 사회에 폭넓게 퍼져 있다.

1979년 수백 명의 와하비즘 계열 성직자와 추종자들이 이슬람 최대 성지인 메카를 기습 점거해 농성한 사건이라든지, 9·11 테러의 주동 세력인 글로벌 테러 조직 알 카에다의 총수 빈 라덴 등 상당수 고위 간부들이 와하비즘에 경도된 사우디인이라는 사실이 이들의 영향력을 잘 보여 준다.

당연히 이들 눈에 무함마드 빈 살만이 추진하는 다양한 개혁 개방 정책은 이단적인 행보로 보일 수밖에 없다. 여성이 혼자 운전하는 일을 허락하고, 전통적 순례 루트인 헤자즈 지역에 외국인이 자유롭게 드나드는 네옴시티를 짓는 것 자체가 이슬람에 대한 모욕으로 여겨지는 것이다. 이에 따라 도심 지역보다는 지방, 그리고 이슬람 성직자인 이맘을 중심으로 개혁에 저항하는 움직임이 꾸준히 발생하고 있다.

이에 빈 살만 정부는 강경책으로 일관하고 있다. 국제 사회에서 영향력을 키우기 위해서는 '과격 분자'로 불리는 와하비즘과 적어도 공개 석상에서 거리를 둬야 하기 때문이다. 지난 2018년 와하비즘 계열의 유명 성직자 3명에게 테러리즘 혐의를 적용해 사형을 구형한 것이 바로 이런 의지를 잘 보여준다. 다만 지방을 중심으로 300년간 널리 퍼진 와하비즘의 반발은 물밑에서 계속되리라는 평이 있다.

특히 사우디의 종교적 보수파의 반발을 이해하기 위해서는 또 다른 GCC 인접국인 카타르의 동향을 살펴보아야 한다. 카타르는 1인당 GDP가 8만~10만으로 추정되는 GCC 역내 최대 부국이고 월드컵을 개최할 만큼 글로벌에 열려 있지만, 한편으로는 '전 세계 와하비즘의 마이크'라 불릴 만큼 와하비즘에 우호적이다. 카타르 정부의 직접 후원을 받는 이슬람 교리 사이트 이슬람웹(www.islamweb.net)은 타 종교의 유적 파괴와 잔학 행위를 부추긴다는 의혹을 받고 있다. 사우디와 카타르는 이란 문제를 두고 지난 2017년 단교했다가 2021년 국교를 정상화했다. 그러나 사우디와 카타르 관계가 또다시 멀어진다면, 카타르에 가까운 와하브 계열의 이맘과 선교사들은 사우디의 보수세력과 연대해 빈 살만의 정권을 흔들려 시도할 가능성이 있다.

실제로 사우디는 40여 년 전 이슬람 원리주의 세력의 무장 봉기로 어려움을 겪기도 했다. 1979년 주하이만 알 우타이비를 중심으로 한 원리주의 세력이 반미-반왕가 기치를 들고 이슬람 최대 성지인 메카를 점거해 무장 시위를 한 것이다. 이에 사우디군 및 프랑스군까지 동원된 총격전이 벌어지면서 진압까지 수백 명의 사상자가 발생했다. 이후 사우디 왕가는 종교적 보수주의자들을 달래기 위해 사회적인 폐쇄주의 기조를 강화했다. 이와 유사한 일이 다시 일어나지 않을 것이란 법은 없다.

무함마드 빈 살만에 반대 목소리를 높이고 있는 또 다른 사우디 내의 불만 세력은 빈 살만의 직접적인 탄압 대상이 되고 있는 이들이다. 앞에서 설명했듯 네옴시티가 지어지는 사막 지역은 무인지대가 아니다. 후와이타트 부족을 포함해 약 2만 명이 네옴시티 건설 예상지 위에 거주하고 있다. 그리고 이들에 대한 무자비한 철거 정책에 현지의 불만이 고조되는 모양새다. 후와이타트 부족이 현재는 대부분 유목 생활을 포기하고 정착 생활을 이어가는 만큼, 이들의 반발은 점차 거세질 전망이다. 사우디 군대에게 사형당한 압둘 라힘 알 후와이티를 포함해 다수의 저항 운동가들이 체포 후 구금당하고 있으며, 후와이타트 부족은 유엔 인권고등판무관 등 국제 인권 단체와 연계해 저항의 목소리를 높이고 있다.

빈 살만과 아랍 왕족들은 축구단을 수집한다?

2017-2018 시즌부터 2022-2023 시즌까지 연달아 5시즌 동안 세계 최고의 축구 리그, 영국 프리미어 리그(EPL)를 우승하면서 명실공히 최강 구단으로 부상한 팀은 맨체스터 시티다. 흥미로운 점은 맨체스터 시티 유니폼에 어느새부턴가 중동계 항공사인 에티하드(ETIHAD)의 스폰서십 로고가 자리잡았다는 것이다. 2008년 UAE 아부다비의 왕제 중 한 명인 만수르 빈 자이드 알 나흐얀이 전격적으로 맨시티를 인수하면서, 아부다비를 기항지로 하는 에티하드를 메인 스폰서로 끌고 온 덕이다. 이후 만수르 구단주는 막대

한 자금 투자로 40년 가까이 우승이 없던 맨체스터 시티를 2011-2012 시즌에 우승시키며 맨체스터 시티 팬들의 열광적인 지지를 받고 있다.

아부다비의 라이벌이자 우방 도시인 UAE 두바이도 EPL의 또다른 명문 축구팀 아스널FC의 메인 스폰서다. 두바이를 기항지로 하는 에미레이트 항공의 로고는 아스널FC의 가슴에 선명히 새겨져 있다.

빈 살만 왕세자는 사우디아라비아 국부펀드 PIF를 통해 EPL의 또 다른 전통 강호 뉴캐슬 유나이티드를 2021년부터 사실상 소유하고 있으며, 카타르 국왕 타밈 빈 하마드 알 사니는 2011년부터 프랑스의 명문 구단 파리 생제르망의 구단주이기도 하다. 이를 두고 일부 축구팬들은 '중동 부자들은 축구단 경영 게임을 현실에서 즐기고 싶어 한다'며 비아냥거리기도 한다.

더 나아가 GCC 왕족들은 구단을 넘어 개별 선수에게 열렬한 러브콜을 보내는 경우도 허다하다. 은퇴를 앞둔 전 세계 축구선수들이 2~3년 정도 중동 축구 리그에서 뛰면서 커리어를 마무리하고, 막대한 연봉을 퇴직금 삼아 은퇴하는 일은 이미 하나의 공식처럼 자리 잡았다. 대표적으로 2002년 한일 월드컵 4강을 이끈 주역인 이영표, 설기현 선수 등은 사우디의 알 힐랄에서 선수 생활 말년을 보냈으며, 2010년대를 주름잡은 공격수인 카림 벤제마와 크리스티아누 호날두는 또한 각각 사우디 리그의 알 에티하드와 알 나스르에서 마지막 선수 생활을 불태우고 있다.

물론 워낙 축구의 저변이 넓은 만큼 세계적 부호들이 축구단 인수나 유명 선수 영입에 관심을 가지는 건 당연하다. 영국 프리미어 리그 강호인 첼시FC는 2003년부터 2022년까지 러시아의 재벌 로만 아브라모비치가 구단주로 부임했으며, 앞서 언급한 맨체스터 시티도 만수르 빈 자이드 알나흐얀이 인수하기 전인 2007년부터 2008년까지 태국의 총리 출신 부호 탁신이 소유하기도 했다.

그럼에도 불구하고 GCC 왕족들의 축구단 사랑은 이례적이다. 특정 지역에서 부유층이 한 종류의 스포츠 구단과 선수에 일방적으로 투자하는 경우는 매우 드물기 때문이다. 왜 왕족들은 축구에 그리 집착하고 있을까?

가장 큰 이유는 GCC 지역에 제대로 된 프로 스포츠 리그가 축구밖에 없기 때문이다. 미국의 경우 4대 프로 리그인 야구, 하키, 미식축구, 농구가 축구의 자리를 밀어내고 내수 스포츠의 빅 마켓을 차지하고 있으며, 일본의 경우에도 야구의 인기가 축구보다 더 높다. 한국은 야구와 축구 이외에도 배구, 농구 등 다양한 구기 종목이 성공적으로 자리 잡아 넓은 팬덤을 보유하고 있다.

반대로 중동에서는 축구를 제외하고는 제대로 된 여타 스포츠 프로 리그가 자리를 잡지 못하고 있다. 기껏해야 UAE가 과거 영국 식민 지배의 영향으로 크리켓 프로 리그를 보유한 수준이다. 대부분의 스포츠가 프로 리그를 육성하기 위해 장기간의 투자와 인프라 조성을 필요로 하지만, GCC 지역에서는 아직까지 축구를 제외하고는 스포츠 프로 리그를 갖출 만한 여력이 부족하다. 또한 이슬람법, 샤리아의 영향으로 노출이 심하거나 일견 과격해 보이는 수영, 권투, 격투기 등은 많은 제약을 받기도 한다.

선택지가 적다 보니 역설적으로 중동에서는 그만큼 축구 열풍이 강하게 불고 있다. 샤리아에 의해 게임과 영상물조차 검열을 받고, 그들의 열정과 기호를 표출할 마땅한 수단이 축구밖에 없기 때문이다. 대중의 지지가 필수적인 GCC의 절대군주들은 자국 젊은이들의 자부심과 즐거움을 위해서 적극적으로 축구단 인수에 나서는 것이다. 박지성 선수가 맨체스터 유나이티드 팀에서 뛸 때, 대부분의 한국인들은 맨체스터 유나이티드의 팬이 되었다. 이와 유사하게 아부다비 시민들은 맨체스터 시티를, 사우디 국민들은 뉴캐슬 유나이티드를 자신의 팀이라고 여기고 열광적인 지지를 퍼붓고 있다.

축구단 인수는 비즈니스 투자 목적 또한 강하다. 야구, 축구, 농구, 배구 등 한국 프로 스포츠의 대부분은 한두 구단을 제외하고는 절대적인 적자를 벗어나고 있지 못하다. 기업들이 프로 스포츠 구단을 운영하는 것은 브랜딩이나 지역에 대한 연고 측면이 강하지, 투자를 위한 측면은 거의 없다.

반면 글로벌 유명 축구단 경영은 큰 수익이 된다. 태국의 총리 출신 부호 탁신은 맨체스터 시티를 2007년 8160만 파운드(당시 약 1506억 원)에 인수해 한 해만인 2008년 UAE 만수르 빈 자이드 알 나흐얀에게 매각했는데, 추정에 따르면 매각 대금은 1억 5000만 달러(약 2900억 원)에 달한다. 대부분의 프로 스포츠들은 자국의 지역 연고 팬들만 시청하지만, 영국과 스페인, 이탈리아와 같은 대형 리그는 전 세계 20억 축구 팬이 모두 시청하고 있다. 따라서 중계권과 유니폼 등 굿즈 판매 수익이 어마어마하다. 실제로 맨체스터 시티는 2021-2022년 1조 원에 가까운 무려 7억 3100만 유로(당시 원화로 약 9740억 원)의 매출을 올렸다.

이렇듯 매력적인 비즈니스임은 분명하지만 인수부터 선수 영입, 구장 신축, 구단 운영 등에 비용이 막대한 만큼, 애초에 대규모의 머니게임이 가능한 왕족이나 재벌이 아니면 뛰어들 수 없는 시장이기도 하다.

또 다른 비즈니스 목적은 자국 항공 산업 육성이다. 앞서 말했듯 아스날FC의 가슴에는 기착지가 두바이인 에미레이트 항공, 맨체스터 시티에는 기착지가 아부다비인 에티하드 항공, 그리고 PSG에는 카타르에 기착하는 카타르 항공의 로고가 선명하게 새겨져 있다. 실제로 GCC 부호들이 대규모로 축구단 투자에 관심을 기울인 2000년대 이후부터 중동계 항공사들의 브랜드와 영향력은 빠르게 올라가고 있다. 일례로 항공 서비스 평가 기업인 스카이트랙스가 올해 발표한 집계에 따르면 세계 항공사 순위 중 2위에는 카타르 항공, 4위에는 에미레이트 항공, 13위에는 에티하드 항공이 올랐다.

GCC의 각 거점 도시를 기착지로 하는 국적 항공사들의 주 타깃이 구대륙, 즉 아메리카 대륙과 호주를 제외한 유라시아, 그리고 아프리카 대륙이라는 점을 고려하면 이들의 축구에 대한 과감한 투자를 이해할 수 있다. 중동이 그 이름처럼 유라시아와 아프리카 대륙의 한가운데에 위치한 만큼, 대륙을 가로지르는 장거리 승객들은

GCC를 자주 중간 경유지(Stop-over)로 활용하곤 한다. 특히 장거리 비행 노선은 승객들이 항공사를 선택할 때 브랜드의 신뢰도와 인지도가 중요한 기준이 된다. 여러 국적의 잠재 소비자들에게 브랜드 인지도를 끌어올릴 방법으로는 축구 스폰서십만한 마케팅 수단이 없다.

5

네옴시티는
한국에 기회가 될까

본격화되는 네옴시티에
춤추는 한국 증시?

한국 증시는 테마, 루머, 지라시 등에 휘둘리는 경우가 허다해 '세력들의 놀이터'라고 불린다. 네옴시티 역시 2022년 이후 유력한 주가 부양의 테마로 거론되고 있다. 문제는 상장사들 중 일부가 구체적 계약 체결 없이 추상적인 MOU나 현장 방문만으로 마치 대규모 수주가 성사된 것처럼 포장해 투자자들의 눈을 홀리고 있다는 점이다.

언론을 통해 네옴시티 프로젝트의 총 비용이 수백조 원을 넘어서리라는 피상적인 내용이 반복적으로 노출된 탓에, 호재에 민감한 개미의 눈과 귀를 홀리기 위한 시도가 잇따르고 있다.

〈한국경제신문〉은 지난 2022년 11월 15일 "들썩이는 '네옴시티 테마주' 투자주의보"라는 기사에서 네옴시티 테마주로 엮인 기업들이 대부분 과도한 낙관론에 의해 주가가 폭등했다고 비판적 시각을 드러낸 바 있다.[1] 지난 수십 년간 중동 지역의 대규모 건설 토목 프로젝트가 진행될 때마다 '제2의 중동붐', '제3의 중동붐'을 들먹이는 상장사들은 많았지만, 대부분 부도 수표로 끝났다. 투자자들이 꼼꼼히 네옴시티와 개별 기업 간의 연관성 및 실제 수주 실적을 검토하지 않으면 큰 손해를 입을 수도 있다.

이는 중동 시장, 특히 네옴시티를 위시한 사우디 시장에 대한 낭만주의가 한국 재계와 증시에 팽배해 있다는 방증이다. 1990년대와 2000년대 산업계와 증권가가 중국 테마로 들썩였다면, 이제는 그 자리를 네옴시티가 차지하고 있는 셈이다.

본 장에서는 낭만주의와 공허한 기대를 걷어내고 네옴시티에서 과연 한국 기업들이 얼마나 큰 기회를 얻을 수 있을지, 그리고 산업별로 체크해야 할 어젠다는 무엇인지를 살펴볼 계획이다.

다음 페이지는 네이버 뉴스 검색사를 기준으로 언론에 네옴시티/사우디에 대한 수주 및 MOU 기사가 보도된 기업 리스트이다. 한미글로벌처럼 실제로 유의미한 수준의 계약을 체결해 이미 업무에 착수한 기업도 있는 반면, 과연 실체가 있는지 우려가 되는 기업들도 적지 않다. 아래의 리스트를 꼼꼼히 따져보길 바라며 실체에 대한 판단은 독자 개인의 몫으로 남겨 두고자 한다.

● 수주 확정

업종	회사명	내용	발표 일자
제조업	한미글로벌	더 라인, 총괄 프로그램 관리 용역 수주	2021.06.01
도매 및 소매업	삼성물산	더 라인, 터널 공사 수주, 그린 수소 암모니아 공장 건설, 철강 모듈러 1만 가구 건설(MOU)	2022.06.14
건설업	현대건설	더 라인, 터널 공사 수주	2022.06.14
제조업	슈프리마	네옴시티 네옴병원에 출입 통제 솔루션 공급	2023.05.03

● 사우디아라비아 정부, 기관 · 기업과의 MOU 체결

업종	회사명	제품/사업	MOU/합의서
건설업	쌍용건설	건축 공사, 주택 공사, 토목 공사, 전기 공사, 배관 공사, 부동산 임대/매매	원팀코리아 (국토부 사우디 수주지원단)
건설업	현대엔지니어링	기술 용역, 소프트웨어 사업, 특수목적용 기계 제조, 도로 건설업, 토목 건축, 플랜트 공사, 조경 공사, 기타 기반 조성 관련, 전문 공사, 건설 자재	
건설업	GS건설	토목 공사, 건축 공사, 주택 공사, 산업플랜트 공사, 리모델링 공사, 시설물 유지 관리 공사/산업 설비 설계, 감리 용역, 수출입/에너지, 관리 진단, 연구개발	
엔지니어링 서비스업	삼성엔지니어링	산업 설비, 건물, 구축물, 토목 시설의 설계, 시공, 공사 감리	
건축설계 및 관련 서비스업	희림종합건축	건축 설계, 감리, 엔지니어링, VR콘텐츠 응용 소프트웨어 개발, 공급, 학술, 연구 용역, 디자인, 도서 출판, 부동산 임대/개발	
건축설계 및 관련 서비스업	해안건축	건축설계, 감리, 구조, 도시계획, 전기 감리	
제조업	토르드라이브	전자부품	

공학 연구개발업	모라이	자율주행차 관련 기술 연구/개발, 자동차 부품, 컴퓨터, 주변장치, 소프트웨어 도소매 개발	
제조업	포테닛	산업용 로봇	
정보통신업	참깨 연구소	소프트웨어 개발/공급, 디지털 도어락, 정보 보호, 물리적 보안 관련 하드웨어, CCTV, 영상 감시 장치 제조, 전자상거래	
공학 연구개발업	엔젤스윙	연구개발업(무인비행체), 소프트웨어 개발 및 공급업	
정보통신업	네이버	인터넷 검색 사이트 운영, 인터넷 방송, 콘텐츠 검색, 고도 정보통신 서비스, 게임 콘텐츠 제공, 광고 대행	
정보통신업	네이버 랩스	정보 서비스, 전기 장비, 자동차 부품 제조, 기관 구내식당, 컴퓨터 시스템 통합 자문/구축/관리, 응용 소프트웨어 개발/공급	
정보통신업	네이버 클라우드	포털, 정보 매개, 정보 자료 처리, 컴퓨터 운영 관련, 온라인 마케팅, 인터넷 광고 대행	
정보통신업	KT	유무선 통신 사업, 공중 전기 통신 사업, 인터넷, 전자상거래, 네트워크(전용회선, 데이터통신, 초고속 사업 등)	
응용 소프트웨어 개발 및 공급업	엔씽	스마트팜 솔루션, 작물 재배	
정보통신업	포미트	자료 처리업	
제조업	현대로템	철도 차량 부품, 특수중기 부품, 산업 기계, 산업용 보일러, 항공 기계 부품 제조/판매/수출입, 관련 기술 용역	사우디 정부 네옴철도 협력 (MOU)
제조업	롯데정밀화학	염소 · 셀룰로스 계열, 암모니아 계열, 전자재료 등 화학제품 제조	사우디 정부 화학 분야 협력 (MOU)
제조업	DL 케미칼	합성수지, 기초화합물 제조, 기술용역	석유화학 (MOU)
도매 및 소매업	지엘라파	무역, 기계 기구 설비 임대, 상품 대리, 기술 용역	제약(MOU)

게임 소프트웨어 개발 및 공급업	시프트업	모바일 게임 소프트웨어 개발/공급	게임(MOU)
게임 소프트웨어 개발 및 공급업	와이디엔에스	소프트웨어 개발 및 공급, 데이터 처리 서비스, 온라인 정보 제공업, 멀티미디어 콘텐츠 제작업	스마트시티 솔루션(MOU)
전기, 가스, 증기 및 공기 조절 공급업	한국전력	전력 자원 개발, 발전, 송전, 전력용 기자재 확보	그린 수소 · 암모니아 공장 건설(MOU), 철강 모듈러 1만 가구 건설(MOU)
전기, 가스, 증기 및 공기 조절 공급업	한국남부발전	발전, 설비 공사, 부동산 임대	그린 수소 · 암모니아 공장 건설(MOU)
광업	한국석유공사	석유자원 탐사/개발, 석유 비축/도소매, 파이프라인 운송/창고, 온라인 정보 제공, 부동산 임대/자금 대여	
제조업	포스코	열연코일, 냉연강판, 후판, 선재, 스테인리스 제조	
건설업	대우건설	아파트 건설, 토목 공사, 건축 공사, 포장 공사, 전기 공사, 무역, 중장비 대여	가스, 석유화학(MOU)
제조업	효성중공업	변압기, 전동기, 차단기, 선철주물, 주조 제조, 건축 공사, 산업기계 공사	가스 절연 개폐장치(MOU)
제조업	두산에너빌리티	기관, 터빈, 선박용 엔진, 주단조품, 제강제품 제조, 종합 건설	주주, 단조 공장 건설(합의서)
제조업	비엠티	유압부품(밸브, 피팅) 제조/판매	산업용 피팅 밸브(MOU)
제조업	터보윈	산업용 송풍기, 배기 장치 제조	전기 컴프레서(합의서)
제조업	비피도	프로바이오틱스 관련 완제품, 균주 원말, 발효 홍삼 등 제조	프로바이오틱스(합의서)
제조업	유바이오로직스	경구용 콜레라 백신, 바이오 의약품 제조, 수탁 연구	백신, 혈청기술(MOU)
건설업	코오롱글로벌	토목 공사, 일반 건설, 주택 건설, 해외 건설, 소각로 설비 공사, 환경플랜트, 폐처리기 제조	스마트팜(MOU)

건물 및 토목 엔지니어링 서비스업	동명 엔지니어링	토목 설계, 측량	엔지니어링 서비스(합의서)
금융 및 보험업	한국벤처투자	중소기업/벤처기업 투자, 해외 벤처 투자자금의 유치 지원, 관련 전문인력 양성 교육	투자 협력 (MOU)
제조업	메센아이피씨	플라스틱 발포 제품 생산용 기계, 플라스틱 발포 제품 제조/수출	재활용 플랜트 (합의서)
제조업	청수산업	고형 연료 제작에 따른 기계 및 갈탄 성형 기계 제조업, 수산 동물 건조 및 염장품 제조업, 수산 식물 가공 및 저장 처리업, 기타 과실·채소 가공, 재활용 고형연료	환경 기술 (MOU)
도매 및 소매업	자일 자동차	자동차 및 동 부품 도·소매	상용차 생산 (MOU)

원팀코리아, 한국 기업들을 이끌고 홍해를 건널 모세가 될까?

한국 정부, 특히 윤석열 정부는 네옴시티에 큰 기대를 걸고 있다. 전 정권인 문재인 정부가 신남방 정책을 펼치며 상대적으로 동남아에 집중했다면, 윤석열 정부는 사우디를 위시한 중동 외교에 힘을 싣고 있다. 네옴시티라는 거대한 시장을 타깃하는 동시에, 보수 정권 특성상 중동 외교가 지지층에게 제1차 중동붐에 대한 향수를 불러일으킬 수 있다는 분석이다. 실제로 보수 정권인 이명박 정부 때도 중동 수주에 힘을 쏟아 제2차 중동붐을 불러일으키고자 한 바 있으며, 박근혜 정부 때도 이란과의 국교 정상화에 더불어 '중동

대박론'을 펼치기도 했다.

윤석열 대통령의 행보를 본다면, 이번 정부가 중동 시장에 기울이는 기대를 알 수 있다. 2022년 11월 서울을 내방한 빈 살만 왕세자와 만난 데 이어, 윤 대통령은 2023년 1월 UAE를 순방하기도 했다. 국가 원수급 회담을 제외하고도 2022년 7월에는 파이잘 빈 파르한 알 사우드 사우디 외교부 장관이 윤 대통령을 내한 방문했으며, 2022년 3월에는 칼리드 빈 살만 알 사우드 사우디 국방부 장관²이 내방해 윤 대통령을 만나고 외교 안보 관련 대담을 나누었다. 2~3개월마다 중동 쪽 주요 인사와 미팅을 했고, 그중 과반수 이상이 사우디 인사였다는 이야기다.

원희룡 장관의 '원팀코리아'

윤석열 정부의 중동 중심 외교에서 특히 돋보이는 키워드는 원희룡 국토해양부 장관의 '원팀코리아 인프라 협력 대표단'이다. 원희룡 장관은 정부 관계자와 한국 기업인들로 구성된 일종의 코리아 컨소시엄을 구성, 여러 차례에 나누어 사우디와 이라크, 카타르를 방문하며 수주에 열을 올리고 있다. 2023년 1월 구성된 원팀코리아는 윤 대통령이 당해 신년사에서 밝힌 해외 건설 500억 달러 수주를 목표 삼아 각국을 방문하고 있으며 주 타깃은 당연히 가장 큰 시장으로 부상하고 있는 네옴시티다.

실제로 원팀코리아에 소속된 기업들이 소기의 성과를 거두고 있다는 점은 한국 재계에 고무적인 소식이다. 현대건설은 2023년 6월 아람코가 진행하고 있는 석유 화학 단지 '아미랄' 구축 사업을 수주했다고 밝혔다. 그 수주 규모는 50억 달러 수준이다.

아직 네옴시티 완공까지는 7년의 시간이 남았기에 실제로 원팀코리아가 어떤 성과를 거둘지는 미지수다. 다만 원희룡 장관이 대선 후보로도 나설 만큼 유력한 정치인 출신이고, 정부 주도 사업의 상당수는 주무 부처 담당자의 영향력과 의지에 따라 성패가 결정된다는 점을 고려하면 한 가닥 기대를 걸어볼 만하다는 평이다.

기대는 걸지만 과신은 하지 말아야. 킹 압둘라 시티의 교훈

네옴시티에 대해 기대감은 키울 수 있지만, 시현된 성과 이상의 과신은 위험하다. 1970년대 1차 중동붐 이래로 60년대 많은 한국 기업이 중동에 진출했지만 큰 손실을 입고 빈손으로 돌아온 경우도 허다했다. 특히 네옴시티는 관련 예산이 수백조 원에 달하는 만큼 사업 실패 시 그 타격과 실망감도 클 전망이다. 중동발 수주 리스크에 대한 내용은 앞에서 이미 언급하기도 했다.

사례를 사우디로 좁혀 보자면, 예컨대 2005년 후반부터 시작된 '킹 압둘라 경제 도시(KAEC: King Abdullah Economic City) 프로젝

현재 사실상 실패한 것으로 여겨지는 킹 압둘라 경제 도시 프로젝트. 네옴시티를 비판하는 사람들이 자주 언급하는 사우디의 아픈 손가락이다.[3]

트'는 18년이 지난 지금 사실상 실패한 프로젝트로 분류되고 있다. 처음에는 사우디 제2의 도시인 제다 주변을 개발해 인구 200만의 세계에서 가장 큰 경제 도시를 건설하겠다는 원대한 꿈을 품었지만, 현재까지 거주자는 1만 명 남짓으로 별다른 진척을 보이고 있지 못하다.

한국-사우디,
61년의 관계를 짚어 보자면

　네옴시티와 한국 기업들의 관계를 살펴보기 전에 반드시 짚어
봐야 할 또 다른 이슈는 한국과 사우디의 우호 및 외교 관계다. 명
예와 관계를 중시하는 아랍 문화의 특성상 단순히 기술이 뛰어나
다든지 좀 더 단가가 저렴하다든지 하는 이유만으로 계약 관계가
성립하지는 않을 수도 있다. 앞서 여러 차례 설명한 대로 네옴시티
가 경제적 프로젝트를 넘어 정치/외교적 프로젝트라는 점을 고려
하면, 한국과 사우디의 관계가 향후 한국 기업의 수주 및 사업 진
행에 큰 영향을 끼칠 수밖에 없다는 점은 분명하다.

흙먼지와 기름으로 맺은 우호 관계

지난 2022년은 한국과 사우디가 수교를 맺은 지 60주년이 된 해였다. 빈 살만 왕세자가 이 해 11월 서울을 방문한 배경에는 수교 60주년이라는 상징적인 이유 또한 있었다. 사우디아라비아는 한국이 처음으로 수교한 중동 국가로, 양국은 61년간 꾸준한 우호 관계를 이어 왔다.

특히 1970년대의 중동 진출 붐은 두 나라의 사이를 좁히는 결정적 계기가 됐다. 고유가 및 OPEC의 출범으로 순식간에 국부를 쌓은 사우디아라비아는 국가 단위의 건설 인프라 구축에 나섰다. 이에 한국 기업과 노동자들이 사우디아라비아에 진출, 외화를 벌어들이며 한국인들에게 중동 진출에 대한 긍정적 이미지를 심어주는 일익을 담당했다.

양국 관계, 특히 경제 측면에서는 1차 중동붐 이후 사우디가 석유를 수출하고, 한국은 건설 공사 등을 수주하는 식의 국제 분업을 중심으로 현재까지 교류가 이루어지고 있다. 이런 분업의 규모는 양국의 경제 성장에 따라 점점 커져 가며, 양국 간의 신뢰와 우호를 다지는 데 큰 도움이 되고 있다.

양국 국제수지는 압도적으로 사우디가 흑자를 보는 구조로 굳어지고 있다. 관세청 통계에 따르면, 지난 2022년 기준으로 한국이 사우디에서 수입한 금액은 약 416억 달러로, 중국과 미국, 일본, 호주에 이어 한국에 수출을 많이 하는 국가 5위에 기록되었다. 반면 사우디를 향한 한국의 수출액은 수입액의 10분의 1 수준에 불과해, 지난해에는 약 370억 달러 규모의 무역수지 적자가 발생했다. 사우디가 국내 제일의 원유 수입국으로 국내 석유 수요의 33%를 공급하고 있는 만큼, 필연적으로 발생할 수밖에 없는 무역 불균형이다. 참고로 한국이 수입을 많이 하는 국가 9위에는 또 다른 GCC 국가인 카타르가 올랐는데, 이 또한 대부분 천연가스 수입이다.[4]

국가	수입 중량(톤)	수입 금액(천 달러)	무역수지
중국	36,140,073.6	154,489,212	1,115,758
미국	49,588,622.0	81,675,218	27,850,767
일본	18,911,705.2	54,711,725	−24,109,036
호주	116,146,336.4	44,905,387	−26,156,284
사우디아라비아	54,542,109.6	41,640,268	−37,086,246
대만	1,616,358.9	28,274,275	−2,078,907
베트남	8,566,248.9	26,700,444	34,262,014
독일	1,365,340.2	23,610,629	−13,549,019
카타르	18,855,532.7	16,567,203	−16,045,377
인도네시아	35,665,362.9	15,734,849	−5,573,956

자료: 관세청

빈약한 한국 교민 사우디 네트워크

사우디에 체류하고 있는 한국 교민은 2,000명 남짓으로 담맘 등 동부 지역에 약 800여 명, 리야드 등 중부 지역에 500여 명, 제다 등 서부에 400여 명만 거주하고 있다. 문제는 사우디 영주권자는 거의 없는 수준이며 연 단위의 단기 체류자가 주류라는 점이다. 동 주제에 대해서 다시 후술하겠지만, 워낙 인적 네트워크가 빈약한 관계로 한국 기업들의 진출에는 큰 도움이 되지 못할 전망이다. 60여 년간 쌓아 온 우호 관계에 비하면 한국 기업들이 네옴시티 진출을 위해 활용할 수 있는 현지의 무형 자산이 많지 않다는 의미다.

K팝, 중동에 한류 전도사로?

양국의 전통적인 우호 관계를 넘어, 네옴시티 수주와 관련해 긍정적인 영향을 줄 수 있는 요소가 있다. 바로 K팝이다. 앞 장에서 설명한 대로 빈 살만 왕세자가 그려가는 뉴 사우디아라비아의 모습에는 영화, 음악 등 엔터테인먼트 산업이 큰 비중을 차지하고 있다. 네옴시티에는 여러 국가에서 온 이민자를 상당수 유치할 계획인 만큼 이들을 사로잡을 수 있는 글로벌 문화 코드가 필요하다.

중동 지역은 전 세계 모든 지역을 통틀어 상대적으로 한류의 영향력이 가장 약한 지역으로 분류된다. 아무래도 이슬람 및 아랍 토착 문화와 한류가 상대적으로 문화적으로 덜 어울리는 지점이 크기 때문이다. 그럼에도 불구하고 한류의 인기는 서남아에서도 꾸준히 명맥을 이어가고 있다.

● 연도별 동호회 회원수

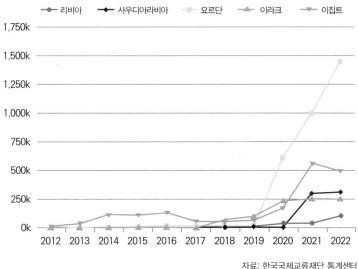

자료: 한국국제교류재단 통계센터

아프리카와 중동 지역을 통틀어 사우디는 세 번째로 큰 한류 시
장으로 분류된다. 역내에서 가장 큰 한류의 소비 시장은 약 146만
의 팬덤을 보유한 요르단이며, 그다음으로는 이집트의 한류 팬덤이
49만 명으로 추산된다. 뒤이어 사우디아라비아도 30만을 웃도는
팬덤을 보유하고 있다.

실제로 빈 살만 왕세자의 집권 이후 한국 엔터 기업들의 사우디
진출이 점차 가속화되고 있다. 지난 2022년 6월 CJENM은 사우디
문화부와 문화적 교류 및 협업을 강화하는 내용의 MOU를 체결했
고, 이어 같은 해 9월 SM엔터테인먼트와도 현지 시장 진출 및 공
동 사업 추진을 위한 MOU를 맺었다. 또한 같은 해 10월 리야드에

218

서 비, 뉴진스, 선미 등이 참석한 K팝 행사가 성황리에 개최되는 등
한류는 네옴시티를 앞두고 한국과 사우디의 거리를 좁히는 교량
역할을 맡아 나가고 있다.

건설 산업, 제2의 중동붐?
시공은 중국과 이파전 전망

　네옴시티 프로젝트가 본격적으로 추진될 경우 가장 직접적으로 수혜를 입을 산업은 국내 건설 기업들, 특히 중동 지역에서 대규모의 건설 및 토목 실적을 쌓은 기업들이 될 전망이다.

　네옴시티 프로젝트는 2023년부터 핵심 프로젝트의 발주가 대부분 시작되며 그 전모가 밝혀지고 구체적으로 수혜를 입을 산업 및 종목이 밝혀질 전망이다. 약 20여 개로 분류되는 세부 프로젝트들이 대부분 컨설턴트 및 프로젝트 관리 컨설턴시(PMC: Project Management Consultancy) 선정을 마치고 본격 발주에 들어가는 적기가 됐기 때문이다.

국내 중견 건설사 한미글로벌은 한국 기업 중 네옴시티 수주전에서 가장 앞선 기업으로 꼽히고 있다. 이 기업은 2022년 하반기에만 네옴시티와 관련해 7건의 프로젝트를 수주했는데, 이는 2007년부터 사우디에서 30여 건의 프로젝트를 꾸준히 수행하며 쌓아 온 신뢰의 영향이다.

구체적으로는 ① 근로자용 주거 시설 800만 평 건설, ② 일반사업 및 교통, 환경과 지속가능성에 대한 자문업무, ③ 문서 관리 및 관리 시스템 수립 등의 업무를 맡을 전망이다.

다만 총 수주 금액은 높지 않은 편으로 약 110억여 원 수준이다. 이외에도 네옴시티 프로젝트는 아니지만 사우디아라비아의 수도, 리야드의 도시 재개발 사업인 디리야 프로젝트를 맡는 등 사우디 정부와도 좋은 관계를 이어 나가는 중이다.

이 밖에 현대건설과 삼성물산도 현재 네옴시티와 관련해 사업비 1조 5000억 원 규모의 철도 터널 공사를 수주한 상황이다. 중동 시장의 경우 대규모의 신도시 건설 및 토목 프로젝트를 국가가 주도해 이끄는 경우가 많다. 핵심 발주처인 사우디 정부와 좋은 관계를 이어간 기업들의 경우 추가적인 네옴시티 수주가 기대된다.

2023년 상반기 기준으로 네옴시티 프로젝트 수주 순위에서 한국은 다소 유리한 고지를 장악하고 있는 것으로 판단된다. 1970년대부터 사우디를 비롯한 중동 건설시장에 일찌감치 진출해 약 50년간 꾸준히 현지에서 실적을 쌓아 온 덕이다. 네옴시티 프로젝트는 지난 2022년 말 수주액 기준으로 자국인 사우디 건설사가 과반의 점유율을 차지하고 있으며, 이어 중국과 한국 건설사가 2위 자리를 놓고 다투는 것으로 알려져 있다.

정부의 자국 우대 정책으로 절반 이상의 점유율을 보일 사우디계 기업들을 제외하면 실제 시공 수주는 한국계 기업과 중국계 기업의 양파전으로 진행될 공산이 크다. 상대적으로 난이도가 높고 장기적인 컨설팅 및 자문 역량을 보유해야 하는 PMC에서는 미국을 필두로 영미권 기업들이 앞서 나가고 있지만, 총 금액에서는 시공 수주가 훨씬 큰 비중을 차지하고 있다.

한국 기업들이 현지와의 오래된 신뢰와 장기간의 트랙레코드가 강점이라면 중국 측 건설사는 자국 정부를 앞세운 자본 파워와 세일즈 외교, 상대적으로 저렴한 수주 가격을 강점으로 꼽을 수 있다. 중국 정부의 일대일로 정책에 힘입어 중국 기업들도 최근 10년간 빠르게 중동 지역의 트랙레코드를 쌓아 올렸다. 최근 10년간 사우디에서만 250억 달러, UAE에서는 200억 달러의 수주고를 달성한 상황이다.

무함마드 빈 살만 왕세자가 인권, 언론 자유 등에 대한 서방의 비판을 피해 중국과 밀접한 관계를 갖고 가고 있다는 점도 중국 기업의 사업 수주에 힘을 실어주는 요소다. 지난 2022년 12월 7일 시진핑 중국 주석은 중동 순방 중 무함마드 빈 살만 왕세자를 포함해 고위급 인사와 정상회담을 가졌다. 해당 회담 이후 중국의 대표적인 통신 기업인 화웨이가 네옴시티의 디지털 인프라 구축 사업에 참가하기로 결정하는 등 양국 간의 데탕트가 점차 무르익고 있다는 평이다.

실제로 중국 건설공기업인 중국건축공정총공사(CSCEC)는 사우디계 기업인 시브 알 자지라 컨트랙팅(Shibh Al Jazira Contracting), 스페인 FCC건설과 컨소시엄을 조성해 러닝터널을 수주했으며, 중국수전건설그룹(Synohidro)도 3개의 프로젝트를 수주한 상황이다.

이에 한국 정부도 정부 차원의 지원단을 꾸리고 자국 기업들의 수주를 지원할 준비를 마치고 있다. 앞에서 언급한 원팀코리아의 활동이 대표적인 사례다.

건설과 관련된 건설자재 및 인테리어 종목들도 네옴시티의 잠재 수혜 산업으로 꼽히고 있다.

국내의 건설자재 및 인테리어 기업들은 주 발주처인 대형 건설사와 끈끈한 관계를 이루고 있다. 따라서 주 발주처가 수주를 하는 경우 낙수 효과를 제대로 누릴 수 있기 때문이다.

일례로 국내 독립계 리서치 센터는 한 국내 건설자재 업체를 네옴시티 수혜주로 꼽기도 했다. 이 회사의 주요 고객사인 삼성물산이 네옴시티 프로젝트를 수주하면서, 뒤따라 사우디 시장에 진입이 가능하리라는 분석이었다.

모듈러 주택, 네옴시티에서 퀀텀 점프의 기회를 찾다

네옴시티, 그중에서도 더 라인 프로젝트는 그동안 건축업계에서 시도해 본 적도 없는 도전으로 많은 건설 기업과 건축가들을 설레게 하고 있다. 특히 집중적으로 조망 받을 기술은 '모듈러 공법'이다. 앞서 설명했듯이 무려 170킬로미터에 달하는 더 라인이 전부 모듈러 공법으로 지어질 전망이다. 더 라인은 물론이고 옥사곤도 기초 공사의 상당 부분이 모듈러 공법을 활용해 지어지리라는 분석이 많다.

아직까지 임시 건물 또는 저층, 염가 소규모 주택을 중심으로 활용되었던 모듈러 공법이 제대로 잠재력을 테스트해 볼 수 있는 기회를 얻게 된 것이다.

미리 준비한 모듈을 짜 맞춰 주택 천장을 만드는 모듈러 공법 현장.[5]

무엇보다 모듈러 공법은 미리 건물을 작은 모듈로 쪼개 공장에서 지어 놓는 만큼, 현장에서는 조립만 하면 되기 때문에 공기를 단축할 수 있다. 게다가 기존 대비 탄소 배출량이 20% 이상 줄어드는 등 친환경적인 공법으로 네옴시티가 지향하는 친환경 스마트 시티의 정체성과도 부합한다. 그뿐만 아니라 모듈러 공법은 빠르게 진보하는 3D 프린터 기술과 결합, 점점 높은 효율과 생산성을 보여줄 수 있다.

또 사우디 건설 산업은 현장 노동자의 상당수를 인도, 파키스탄 등에서 채용하여, 현장 숙련공의 양과 질이 매우 부족하다는 평을 듣는다. 하지만 모듈러 공법은 현장 시공을 최소화하는 방식이라 상대적으로 건설 과정에 숙련공을 덜 필요로 한다. 카타르가 월드컵 경기장을 짓는 와중에 수천 명의 외국인 노동자를 희생시키면서 '피의 월드컵'이라는 비난을 받았다는 점을 고려하면, 사우디 입장에서 모듈러 공법은 이런 비판을 최소화할 수 있는 대안이 된다.

이에 한국계 건설사들도 서둘러 모듈러와 관련된 기술을 확보하는 등 네옴시티 수주전을 준비하고 있다. 모듈러 공법의 핵심 역량으로는 DfMA가 꼽힌다. 이는 제조 및 조립을 위한 설계(Design for Manufacturing & Assembly)의 약자로 전체 건물을 구성할 모듈을 쉽게 제작할 수 있도록 디자인하는 능력과 모듈을 쉽게 조립할 수 있도록 디자인해 창의적 아이디어를 동시에 이끌어내는 능력을 합한 용어다. 해당 역량과 노하우가 뛰어날수록 낭비가 없이 빠르고 안전하게 모듈을 결합할 수 있게 된다.

GS건설은 폴란드 단우드(Danwood)와 영국 엘리멘츠(Elements) 등을 인수했는데, 이는 각각 목조 및 철골 모듈러 역량을 보유한 기업이다. 삼성물산 또한 라트비아의 포트라프로, 그리고 일본의 세키스이하임 등 모듈러 분야에서 강점을 지닌 기업들과 MOU를 체결해 네옴시티 수주전 준비에 나섰다.

K-IT 기업들이 사우디의
디지털 전환 이끌까

디지털 인프라 또한 건설만큼이나 향후 한국 기업들이 수주에 큰 관심을 기울일 분야로 꼽힌다. 사우디아라비아 정부는 2006년부터 2010년까지를 첫 디지털 정부 전략 1단계, 2012년부터 2016년까지를 디지털 정부 전략 2단계, 2020년부터 2022년까지를 첫 스마트 정부 전략 단계로 분류하고 정부 주도의 국가 디지털화를 추진해 왔다.

사우디 정부는 더 나아가 2022년부터 2030년까지를 디지털 정부 전환기로 또다시 설정하고, 통신정보기술부(MCIT)가 리더십을 맡아 비전 2030를 구현하는 방식으로 디지털 트랜스포메이션을 가속화할 전망이다.

현재 사우디아라비아의 디지털 부문은 약 400억 달러, 31만 8,000개의 일자리를 창출하고 있다는 평가를 받는다. 추가로 2025년까지 다양한 IT 분야 기술에 약 250억 달러의 추가 투자가 내정된 만큼 관련 시장은 빠르게 팽창할 전망이다.

스마트 인지 도시 꿈꾸는 네옴

사우디 정부는 지난 2020년 5월, 네옴시티를 세계 최고 수준의 인지(Cognitive) 도시로 만들겠다며 이를 위해 인프라를 구축하겠다고 밝혀 큰 관심을 모았다. 인지 도시란 도시 공학에서 유래한 용어로 스마트시티를 인지적 측면으로 확장, 목표지향적인 커뮤니티들이 모여 지식을 공유하는 가상 환경을 의미한다. 물리적으로는 최고 수준의 ICT 인프라를 기반으로 시민들과 꾸준히 상호작용하며, 가상공간상에서는 도시의 정보와 데이터가 시민들 및 커뮤니티에게 공유돼 구성원의 소속감과 효율성을 고취시킨다.

이를 위해서는 필수적으로 사물인터넷(IoT)과 자연어 처리(NLP) 기반의 QA(Question Answer) 시스템, 그리고 클라우드 솔루션을 필요로 한다. 야심찬 목표를 달성하기 위해서 하드웨어적인 ICT 인프라는 물론이고, 이를 거주자들의 실생활에 끈끈히 접목시킬 수

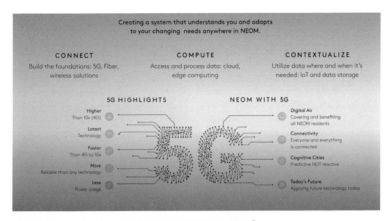

네옴시티는 5G 네트워크 기반의 스마트시티를 꿈꾸고 있다.[6]

있는 소프트웨어 및 UI/UX가 대규모로 구축돼야 한다.

　네옴시티의 디지털 인프라는 사우디 최대 통신사인 사우디텔레콤(STC)의 리더십 하에 순차적으로 구축될 계획이다. 사우디텔레콤은 현재 5G 기반의 무선 네트워크망을 구축하고 있으며, 사물인터넷, 데이터 분석, 가상현실, 증강현실, 스마트홈, 자율주행 등으로 서비스를 확장해 나갈 계획이다. 사우디텔레콤은 사우디 내수에서는 인구의 절반 이상인 2000만에 가까운 사용자를 보유할 만큼 압도적인 공룡 기업이지만, 글로벌 시장에서는 기술력이나 경영 효율성 측면에서 아직 미흡하다는 평을 받는다. 장기적으로는 디지털 인프라를 구축할 역량을 지닌 기업들이 참여할 수밖에 없다.

　사우디 정부는 네옴시티가 주요 역량을 기울일 디지털 인프라로 다음과 같은 구체적 분야를 언급했다. 해당 분야에 역량을 지닌 한국 기업들에게는 큰 기회가 될 전망이다. 대표적으로 ① 5G 초연결성 확보, ② 목적 지향적 데이터 센터, ③ AI 및 진보된 로봇 기술, ④ 포괄적인 혁신 및 스타트업 지원 기술, ⑤ 지능형 분석 및 확장 시스템, ⑥ 증강현실 및 가상현실, ⑦ 심리스한 경험 및 데이터 결합, ⑧ 소비자 중심 솔루션 등이 그것이다.

이를 위해 네옴시티는 2022년 별도의 기업인 토노무스(Tonomus, 과거 이름은 Neom Tech & Digital Company)를 세우고 관련 업무를 주관하고 있다. 토노무스는 글로벌 통신 업체 원웹(OneWeb)과 손을 잡고 광섬유 및 5G 단지 등을 구축 중이다.

네옴 자회사 **토노무스의 로고.**7

네옴시티에서도 재현될 네이버 vs 카카오 플랫폼 맞수?

국내 기업 중에서는 네이버와 카카오가 네옴시티의 디지털 인프라 수주와 관련해 속도를 내고 있다. 한국에서 최근 10년간 치열하게 전개된 양대 플랫폼의 라이벌전이 네옴시티 수주에도 번져 가는 모양새다.

네이버는 자회사인 네이버랩스, 네이버클라우드와 함께 2023년 3월 사우디의 자치행정주택부 및 투자부와 사우디아라비아 디지털 전환 협력 관련 MOU를 체결하고 아라비아 전체에 걸친 디지털 전환 사업을 위해 사우디 정부와 협력하겠다고 밝혔다. 특히 네이버가 관심을 가지는 분야는 디지털 트윈 구축이다. 네옴시티의 가상공간에서 디지털 트윈을 구축, 도시 조성부터 수정 사업, 그리고 자연재해 방지에 힘을 싣겠다는 구상이다. 동시에 로봇, 클라우드 솔루션 분야에도 관심을 보이고 있다.

네이버가 디지털 트윈[8] 기반 도시 솔루션을 내세웠다면, 카카오가 사우디에게 내세운 협상 카드는 '디지털 관광'이다. 사우디아라비아 대표단은 지난 2023년 5월, 카카오 판교 사옥을 방문해 관광 간편 결제 시스템 구축(카카오페이), 사우디 내 간편 차량 호출 및 관제(카카오T), 현지 정보 맞춤 플랫폼(카카오톡) 등과 관련된 논의를 진행한 것으로 알려졌다.

이 밖에도 사우디텔레콤의 협력사인 SK와 KT를 포함해 국내의 SI 기업들, ICT 장비 제조 업체 등도 네옴시티 진출을 타진하는 상황이다.

앞에서 설명했듯 사우디아라비아는 메시와 같은 글로벌 셀럽을 막대한 섭외비를 제공하고 관광 홍보대사로 임명하는 등 산업 혁신에 힘을 기울이고 있다. 2000년대까지 사우디의 관광 수익은 성지순례 관광, 이른바 핫즈(Hajj)와 우므라(Umrah)에 편중되어 있었다. 사우디아라비아의 폐쇄적인 이미지와 종교적 엄숙주의가 외국인 관광객이 방문할 매력을 떨어뜨릴뿐더러, 심지어 관광 비자 개념 자체도 존재하지 않을 정도였다.

반면 빈 살만 왕세자는 실권을 잡은 이후 2019년 일반 관광 비

채선주 네이버 ESG/대외 정책 대표, 칼리드 알 팔리 투자부 장관, 마제드 알 호가일 자치행정 주택부 장관, 무싸드 알 오테이비 자치행정주택부 차관, 파하드 알 나임 투자부 차관.[9]

자를 전적으로 도입해 외국인 관광객 유입 정책을 활발히 펴고 있다. 이런 실적은 곧바로 가시화되어, 2018년에 1288만 명이던 관광객은 2019년 1481만 명으로 20% 정도 늘어났다. 다만 아쉽게도 다음 해 터진 코로나로 실적이 곤두박질치고 말았다. 그러나 2021년에 225만 명까지 움츠러든 관광객은 육성 정책으로 2022년 1109만 명까지 늘어나며 신속한 회복세를 보이고 있다.

신재생에너지,
미래 자원을
선점할 수 있을까

신재생에너지 또한 네옴시티 프로젝트 진행 과정에서 많은 한국 기업들에게 기회가 주어지리라는 기대가 걸린 산업군이다. 사우디 정부가 여러 차례 네옴시티는 제로 탄소 도시, 100% 청정에너지 기반 고밀도 도시라는 점을 강조한 만큼, 해당 목표를 수행하기 위해 기존과는 차별화된 대규모의 에너지 인프라가 갖추어져야 한다.

네옴시티는 본인들의 역량을 집중시킬 에너지 산업 기술로 태양광, 풍력, 녹색 수소, 스마트 그리드, 제로 탄소, 스타트업 등을 후보로 뽑은 바 있다.

이는 사우디아라비아 정부의 주요 국정 과제인 비전 2030과도 밀접하게 연관된다. 동 어젠다에서 사우디 정부는 2030년까지 9.5기가와트의 전력을 순전히 신재생에너지로 생산하겠다고 밝혔는데, 통상 이 정도 규모면 약 350만 가구(가구당 소모량은 300킬로와트시로 가정)가 1년 동안 사용할 수 있는 양으로 추정된다. 이 중 상당 부분이 네옴시티 내부 혹은 근교에서 생산될 전망이다.

이 과정에서 키 플레이어로 분류될 회사는 네옴시티의 에너지 및 수자원 관리를 위한 전문 자회사 이노와(Enowa)이다. 해당 기관은 네옴시티에서 신재생에너지와 관련된 다양한 업무를 전담하게 된다.

이노와는 2022년 3월 수소 혁신 및 개발 센터(HIDC)를 네옴시티 옥사곤에 설립하고 수소 기반 녹색 연료의 생산, 운송, 활용 등 전 파이프라인을 관장하고 있다. HIDC는 수소 및 암모니아 분야에서는 독일의 에너지 기업 티센 그룹과 협업하고 있으며, 합성 연료 개발과 관련해서는 아람코와 긴밀한 협업 관계를 이어가고 있다.

네옴시티의 에너지 및 수자원 관리를 담당하는 이노와.[3]

네옴시티, 블루 암모니아 앞세워 수소 경제 허브되나

네옴시티가 추진하는 신재생에너지 산업 중 돋보이는 분야는 암모니아 플랜트 계획이다. 이는 에너지 산업 분야에서 최근 암모니아 생산 시설이 수소 기반 신재생에너지의 핵심으로 부각되고 있는 흐름과 맞닿아 있다. 수소를 이용한 내연기관이나 연료전지는 효율도 높고, 장기간 사용할 수 있지만 액화 온도 섭씨 약 -252.8도에서 보관해야 하기에 장거리 수송이 어려워 그동안 상용화에 어려움을 겪어왔다. 하지만 암모니아를 분해하면 질소와 수소가 발생한다는 점에 착안, 수소의 장거리 수송과 보관의 수단(Vehicle)으로 암모니아가 각광받기 시작했다.

현재 이노와, 에어프로덕트, ACWA파워 등의 기업들이 네옴시티에 암모니아 플랜트를 구축하고 있으며, 이를 통해 2025년부터 매일 약 3500만 톤의 그린 암모니아를 생산할 계획이다.

이노와 등의 다양한 기업들이 네옴시티의 수소 산업 육성에 참여하고 있다.[11]

한국 기업인 아모지(Amogy)는 암모니아를 수소로 분해하는 기술을 보유하고 있는데, 사우디 아람코가 주요 주주로 자리매김하고 있다는 점에서 네옴시티 참여가 유력한 기업으로 꼽힌다.

네옴시티의 수소 산업 육성에는 세계 최대 석유 기업인 사우디 아람코도 보조를 맞출 계획이다. 아람코는 지난 2022년 8월 세계 최초로 독일에서 블루 수소 및 블루 암모니아 기술을 인증받으며, 수소 에너지 분야의 선도 기업으로 입지를 다졌다. 한때 아람코가 수소 관련 사업을 접는다는 소문이 돌아 업계를 긴장하게 했으나, 아람코는 해당 기사를 부인하며 여전히 블루/그린 사업에 관심이 크다는 의지를 밝혔다.

해당 인증의 의미를 설명하자면, 산업용으로 개발되는 수소는 부생 수소, 그레이 수소, 블루 수소, 그린 수소 등으로 나뉜다. 부생 수소의 경우 기존의 석유화학 공정에서 나프타를 생산하는 과정에서 부산물로 발생되는 만큼 아무래도 환경오염 이슈가 있고, 원하는 대로 생산량을 조절하기 어렵다. 다만 비용이 저렴한 만큼 현재까지 존재하는 수소의 90%는 이 과정에서 생산된다. 그레이 수소의 경우 LNG 등 천연가스나 석탄, 석유 등에 촉매 반응을 통해 수소를 생산하는 방식으로 이산화탄소 발생량 자체는 적으나, 어쨌거나 화석연료를 근본으로 해야 한다.

반면 블루 수소는 그레이 수소 생산 과정에 탄소 포집 기술을 적용, 이산화탄소로 인한 환경 오염을 최소화하면서 생산하는 방식으로 가장 현실적인 친환경 수소 추출 기술로 꼽힌다. 아예 화석연료를 활용하지 않고 생산하는 그린 수소도 있으나, 아직까지는 채산성이나 기술적 한계가 높다는 평가를 듣는다. 즉, 아람코는 전통적인 오일 기업에서 벗어나 친환경 수소 에너지 기업으로 앞서 나갈 수 있는 좋은 기회를 잡은 것이다.

국내에서는 포스코홀딩스, 삼성엔지니어링 등이 블루 수소 관련 시장 진출에 상대적으로 앞선 것으로 알려져 있다. 이들 기업은 윤석열 정부의 친중동 정책에 힘입어 GCC 일대에서 속속들이 좋은 수주 실적을 올리고 있다.

앞서 2022년 사우디 국부펀드 PIF는 한국전력, 한국석유공사, 한국남부발전, 삼성물산, 포스코홀딩스 등과 사우디 그린 수소 및 암모니아 사업 개발을 위한 MOU를 체결한 바 있다. 곧이어 한국남부발전과 동서발전, 포스코홀딩스, 삼성엔지니어링 등으로 구성된 다국적 컨소시엄은 2023년 5월, 연간 약 22만 톤 규모의 그린 수소를 생산하는 오만 두쿰 사업을 수주하는 데 성공했다.

또한 롯데정밀화학은 아람코로부터 2022년부터 블루 암모니아를 수입, 이를 유통 및 가공하고 있다.

사우디, 석유 집착 버리고 네옴시티에서 태양광 미래 본다

또 하나 네옴시티에서 흥미롭게 지켜볼 수 있는 분야는 태양광이다. 그동안 사우디아라비아는 태양광 산업과 의도적으로 거리를 두는 나라로 분류돼 왔다. 사우디가 산유국 연합체인 OPEC의 수장 역할을 맡고 있는 만큼, 셰일가스나 태양광과 같은 경쟁 자원 산업에 대한 의도적인 견제 액션을 자주 보여주기도 했다.

그러나 사우디는 네옴시티에서 본격적으로 다수의 태양광 단지를 구축, 유력한 신재생에너지 자원으로 태양광의 가능성을 검토할 전망이다. 무엇보다 사우디가 아라비아 사막에 위치해 일조시간도 길고, 국토도 넓은 만큼 태양광 발전에는 유리한 지리적 조건을 타고났기 때문이다.

더 라인의 경우 170킬로미터에 달하는 건물 외벽의 상당수를 태양광 패널로 덮어, 거주자들과 사업장에서 발생하는 전력 수요 중 일부를 태양광으로 해소할 계획이다.

이와 관련해 주목 받는 기업 중 하나가 한화그룹이다. 앞서 지난 2022년 11월 빈 살만 왕세자의 내한 당시 김동관 한화솔루션 부회장이 유일하게 기업 총수가 아님에도 미팅에 배석한 바 있다. 기업 총수가 직접 배석한 삼성, SK, 현대차그룹과는 달리 유독 한화만 총수 후계자인 김동관 부회장이 참석했던 배경에는 태양광 사업이 있다는 추측이 있다. 김동관 부회장이 초기부터 한화그룹의 태양광 사업을 진두지휘한 만큼, 김승연 한화그룹 회장보다 더 실무에 조예가 깊은 덕이다.

사우디, 네옴시티를 계기로
수자원 수출 국가를 노리다

한국보다 물을 네 배나 더 쓰는 사우디?

네옴시티는 바다와 인접한 사막에 구축되는 대규모 인구 밀집형 도시인 만큼 대량의 수자원 확보도 필수적이다. 사우디는 현재 사막 국가라는 지리적 특수성과 막대한 국부에 힘입어 1950년대 전 세계 해수담수화 시장의 가장 큰손으로 군림하고 있으며, 전체 국가에서 필요로 하는 수자원 중 60%를 담수화된 물로 조달하고 있다. 1년에 사우디는 약 250억 세제곱미터 규모의 수자원을 소모하는 것으로 알려져 있는데 이는 67억 세제곱미터 규모의 한국 (2021)보다도 네 배 가까이 많은 규모다. 워낙 자연 강우가 적은 자연환경 때문에 한국에서는 자연 강우로 해결할 수 있는 농업용수 조달 등을 전부 인공수로 해결하는 까닭이다.

이 탓에 현재도 17개 지역에 정부 조직인 사우디아라비아 해수담수청(SWCC: Saline Water Conversion Corporation)이 운영하는 33개의 담수화 플랜트가 있으며, 이는 무려 전 세계 담수화 용량의 20%에 해당하는 규모다.

2022년 전 세계 해수담수화 시장 규모는 152억 달러로, 전 세계적 기후변화와 사막화, 그리고 경제 성장에 힘입어 2030년까지 연평균 9.5%씩 성장할 것으로 전망된다. 네옴시티는 천만에 가까운 인구와 담수화 1위라는 구매력, 그리고 고액의 투자를 통해 전 세계 수자원 시장의 허브로 거듭날 준비에 한창이다.

사우디 정부가 네옴시티에서 추진하겠다고 밝힌 수자원 관련 산업은 낭비 없는 담수화, 해수 및 염수 처리, 탄소 중립적 수자원 기술, 스마트 물 계량 및 센서, 누수 및 기타 비정상 송수 탐지, 미네랄 처리된 식수 배달, 폐수 처리 및 에너지 생성, 폭우 저장과 홍수 관리 등이다.

네옴시티의 수자원 관리를 맡은 개빈 반 톤더는 네옴시티 자체 인터뷰에서 "네옴에서는 모든 분야에서 물과 깊은 상호작용이 발생할 수밖에 없다. 물이나 폐수 없이 호텔을 운영할 수 없고, 물 없이는 시멘트 혼합도 할 수 없다"라며 그 중요성을 강조한 바 있다.

네옴시티의 수자원 책임자(Head of Water)를 맡고 있는 개빈 반 톤더. 그는 30년 이상 수자원 분야에서 경력을 쌓은 인물로 알려져 있다.[12]

대규모 '태양열 담수화'의 꿈, 네옴에서 처음 선보인다

네옴시티는 세계 최초로 오로지 태양광 등 신재생에너지로만 구동되는 대규모 해수담수화 장비를 준비하고 있다. 영국의 솔라워터(Solar Water plc) 사(社)가 진행하는 이 프로젝트는 태양광 돔으로 담수화 장비를 덮어 대규모 전력을 조달한 후, 이를 통해 홍해의 바닷물을 사람이 활용할 수 있는 민물로 바꾸겠다는 야심찬 계획이다. 역삼투방식을 활용한 기존의 담수화 플랜트와는 달리, 네옴시티에서는 태양광을 다수의 거울로 반사시켜 가운데로 빛을 모으는 집광형 태양광 발전(CSP: Concentrated Solar Power) 기술을 대규모로 채택하고 있다.

태양광 기반 담수화 플랜트의 모식도[13]

   태양광/태양열 담수화 기술은 사우디가 외국과 차별화하기 위해 10여 년 전부터 연구에 주력해 온 분야다. 이는 삼면이 바다로 둘러싸인 광대한 사막 국가라는 지형을 '수자원'과 '에너지자원'을 겸비한 축복으로 변신시킬 수 있는 마법의 기술이기 때문이다. 사우디는 2009년 국영 연구기관인 킹 압둘라 과학기술시(KACST: King Abdullah City for Science and Technology)를 통해 동 기술을 연구하기 시작했으며, IBM, 히타치 등 외국 기업과의 기술제휴를 통해 마침내 2018년 15메가와트 규모의 태양열 기반 담수화 공장을 실용화하는 데 성공했다. 이 기술이 솔라워터 사와의 제휴를 통해 네옴에서 꽃필 수 있는지에 관심이 쏠린다.

   구슬이 서말이라도 꿰어야 보배라는 말처럼, 이렇게 확보한 소중한 수자원을 관리하는 것 또한 네옴시티가 풀어야 할 과제다. 특히 사우디가 지금까지 농업을 위해 대규모로 지하수와 강물을 끌어

쓴 결과, 사실상 대규모 천연 담수 자원은 고갈됐다는 우려가 곳곳에서 흘러나오고 있다. 또한 상하수도 시설의 노후화로 약 25~40%의 물이 수송 도중에 사라진다고 알려져 있다.

이에 비전 2030에 따라 사우디는 2019년부터 아랍어로 물방울을 뜻하는 '카트라(Qatrah)'로 이름 붙인 프로젝트를 가동, 수자원의 효율적인 활용을 위해 수도관 모니터링 및 상하수도 시스템을 정비하고 있다.

이런 맥락에서 담수화 및 상하수도 배관을 다루는 기업들이 네옴시티에서 대규모 수혜를 입을 전망이다. 두산중공업의 경우 일찌감치 1978년 사우디아라비아 파라잔 프로젝트를 수주한 이후 쿠웨이트(2008), 카타르 도하(2016) 등 GCC 국가에서 해수담수화 기술력을 선보여 왔다. GS건설 또한 스페인의 수처리 기업 이니마를 인수한 후, 중동의 해수담수화 시장 진출에 속도를 올리고 있다. GS이니마는 2020년 오만의 알 구르바 및 바르카의 담수화 프로젝트를 수주한 바 있다. 또한 한국수자원공사는 2020년부터 UAE의 스마트시티 프로젝트인 마스다르에서 공동 연구에 참여하고 있는 상황이다.[14]

170킬로미터짜리
도시의 모빌리티는
어떤 모양일까?

　네옴의 핵심 프로젝트인 더 라인은 그 길이가 서울에서 대전까지 거리만큼이나 길고, 건물 높이로도 63빌딩을 두 개 이상 쌓은 만큼 높다. 통상의 도시 설계에서는 밀도와 거리가 반비례하지만, 더 라인이 성공적으로 구축될 경우 밀도가 높으면서 이동 거리도 긴 기이한 형태를 지니게 될 가능성이 높다. 이는 선형 도시가 지니게 되는 숙명적 장애물이다. 따라서 네옴시티는 지금까지 등장한 그 어떤 도시보다도 모빌리티의 중요성이 강조되며, 또한 다양한 형태의 모빌리티 혁신의 시험장이 될 확률이 높다.

네옴시티 더 라인의 170km 대심도에는 초고속 열차가 횡단하게 될 것이 확실하다.[15]

우선 다양한 도시형 운송 수단(Urban mobility)이 필연적으로 네옴시티를 통해 소개될 것이다.

횡으로 170킬로미터를 커버하기 위해서는 하이퍼루프와 같은 초고속 철도나 도심항공교통(UAM: Urban Air Mobility), 자율주행차 등 중장거리 모빌리티들이 활용될 여지가 크다. 동시에 폭이 좁고 위아래로 긴 도시의 이동을 위해서는 당연히 초고속 엘리베이터나 킥보드, 나인봇, 수평 엘리베이터와 같은 기존의 근거리 모빌리티도 다양하게 활용돼야 한다.

네옴시티를 넘어, 사우디 경제 전반에 걸쳐 모빌리티 산업은 잠재력이 매우 높다는 평가를 받고 있다. 앞에서 언급한 대로 아라비아반도의 규모는 호주 대륙의 절반 규모로 사실상 대륙이라고 불려도 이상하지 않을 만큼 거대하지만, 인구는 3300만 명에 불과하다. 이 인구들이 리야드, 제다, 메카 등 몇몇 거점 도시에 모여 사는 만큼, 경제 부흥을 위해서는 점과 점을 잇는 선, 즉 모빌리티 활성화가 필수적이다. 빈 살만이 여성에게 운전을 전격적으로 허용한 배경에는 성평등을 넘어 모빌리티를 확보하기 위한 복심도 있었던 것이다.

네옴시티 내 모빌리티 산업에서는 독일계 UAM 기업인 볼로콥터(Volocopter)가 가장 앞서가고 있는 회사로 꼽힌다. 이 기업은 무인 항공 택시를 주력 사업으로 삼아 두바이에서 현재 시범적으로 운영 중이며, 2024년 파리올림픽을 기점으로 본격적인 서비스를 시작할 예정이다. 볼로콥터는 네옴시티로부터 1억 7500만 달러를 투자받고, 현재 조인트벤처 설립을 준비하고 있다.

실제로 볼로콥터는 2023년 6월, 네옴시티에서 전기 기반 수직이착륙 무인항공기(eVTOL) 주행을 일주일 이상 무사히 마쳤다고 밝힌 바 있다. 볼로콥터는 태양열 및 풍력 에너지원에서 생성되는 100% 재생에너지로 구동된다는 점도 장점으로 꼽힌다.

국내에서는 현대자동차가 모빌리티를 포함한 네옴시티 진출을 타진 중인 것으로 알려졌다. 앞서 2022년 11월 무함마드 빈 살만 왕세자의 한국 순방 시 정의선 현대차그룹 회장도 대면 미팅을 가진 바 있다. 현대차그룹이 기존의 내연기관은 물론이고 로봇, 자율주행, 수소차, UAM 분야에 꾸준한 투자 및 신사업 육성을 진행해

볼로콥터는 네옴시티로부터 일찌감치 투자를 유치하며, 사실상 역내 UAM 사업을 리드하게
될 전망이다.[16]

왔다는 점을 고려하면 네옴시티 진출에도 큰 힘이 실릴 전망이다.

한화그룹 또한 네옴시티의 모빌리티 사업에 참여할 확률이 높은 기업으로 꼽힌다. 한화는 지난 2015년 삼성그룹으로부터 삼성테크윈을 인수한 후, 2018년 한화에어로스페이스로 이름을 바꾸며 이름처럼 항공 사업 분야의 역량을 대폭 강화하고 있다. 영국 VA 사(社) 등과 협력하여 UAM 개발에도 속도를 올리고 있는 만큼, 당연히 네옴시티에도 큰 관심을 기울일 수밖에 없다.

네옴시티는 스마트시티를 지향하고 있는 만큼 역내 이동 수단으로 자율주행 모빌리티가 주목받을 가능성이 크다. 현재 발생하는 자율주행차의 주된 문제점 중 하나는 예상하지 못한 환경, 가령 원칙적으로 사람이 등장하면 안 되는 고속도로에서 갑자기 행인이 등장하는 경우 등에 신속하게 대응할 수 없다는 점이다. 실제로 테슬라의 오토파일럿 기능을 활용하는 도중 불법 주정차 차량을 들이받거나, 무단횡단하는 행인을 치는 등의 사고들이 보고되기도 했다.

반면 네옴시티는 도시 설계 단계에서부터 자율주행차에 최적화된 설계가 가능할 전망이다. 예컨대 불법 주정차를 원천 봉쇄하고, 방음벽 등을 통해 인도와 완전 분리된 고속도로를 설계한다면 앞서 말한 리스크를 막을 수 있을 것이다.

만연한 사우디의 성인병,
K-헬스케어로
잡을 수 있을까?

한국 기업들이 네옴시티에서 적극적으로 기회를 잡을 수 있는 또 다른 업종은 바이오 헬스케어 및 의료기기 분야다.

WHO에 따르면, 2020년 사우디아라비아 남성 평균 기대수명은 73.1세, 여성은 76.1세로 같은 해 한국의 기대수명인 남자 80.5세, 여자 86.5세에 비해 약 7~10년 정도 짧다. 또한 OECD 평균 기대수명이 83.1년이라는 점을 고려하면 사우디와 비슷한 경제 규모의 국가들에 비해서 사우디 국민들의 평균 수명이 5년 이상 짧은 셈이다. 즉 소득 대비 오래 살지 못하고, 건강하지 못하다는 의미다.

이는 사우디뿐만 아니라 중동 GCC 국가 전반에 만연한 현상으로 인접국인 UAE의 경우에도 남녀 합산 기대수명이 78세로 사우디와 비슷하다.

공공의료의 그늘, 사우디인들은 기다리다 지친다

이와 같은 현상은 사우디아라비아를 포함한 상당수의 GCC 국가들이 자국민을 대상으로 전면 무상의료를 실시하고 있다는 점을 고려하면 더욱 이례적이다. 무상의료가 의료 서비스의 질을 높이지는 않지만, OECD 평균 이상의 경제력을 향유하는 국가의 무상의료는 전 국민의 기대수명 증대에 긍정적인 역할을 한다는 것이 정설이다. 사우디 보건부(MOH)의 자료에 따르면, 2021년 기준 사우디에는 공공 병원이 287개, 민간 병원이 159개, 그리고 준공공 병원은 51개가 있다.

그렇다면 사우디인의 수명은 왜 짧을까? 우선 공공의료의 숙명적 한계, 긴 대기 시간을 원인으로 꼽는 이들이 많다. 사우디의 경우 인구밀도가 극히 낮은 반면, 국토가 넓어 병원과 거주지 간 이동 시간도 오래 걸린다. 또한 무상의료가 제공되는 만큼 대기 시간이 길 수밖에 없다. 게다가 현재 사우디의 의료진은 양적·질적인 측면 모두 만성적으로 부족한 것으로 알려져 있다.

만연한 성인병 또한 사우디인들의 수명을 낮추는 주된 요소 중

네옴시티가 평균 수명이 짧은 사우디인들에게 '길고 건강한 삶'을 제공하는 공간이 될까?[17]

하나다. 성인 세 명 중 두 명이 비만, 여섯 명 중 한 명이 당뇨를 앓고 있을 정도로 성인병 발병률이 높다. 가장 큰 원인은 식단이다. 아라비아 지방의 전통식은 고지방-고탄수화물에 단 음식을 섭취하는 식단으로, 고강도 운동이 없다면 빠르게 체중을 늘리는 요소가 된다. 사막의 고온 건조한 기후에서 과거 식품이 풍부하지 않던 유목 민족 시절에는 아라비아 전통식이 고된 하루를 이어 나가기 위한 연료였지만, 신체 활동이 크게 줄어든 현대에는 문제가 되고 있다.

네옴시티가 인구 밀집형 스마트시티를 지향하는 만큼 특히 의료 수요는 빠르게 늘어날 전망이다. 그동안 사우디는 선진국에 비해 불투명한 행정 처리, 만성적인 대금 결제 지연, 까다롭고 복잡한 현지

식약청 등록 절차, 고급 의료 인력 부족으로 진입 장벽이 높다는 평을 들어왔다. 그러나 빈 살만 집권 후 이런 분위기가 극적으로 반등하면서, 외국 기업들이 의료시장에 참여할 문호가 활짝 열렸다.

비전 2030의 구체적인 시행 가이드라인이라 할 수 있는 2020 국가 개혁 프로그램(National Transformation Plan 2020)에 따르면 향후 사우디는 보건 의료 예산 중 민간 분야 투자액 증가, 의료 시설 2배 이상 확충, 종합병원들의 국제 인증 획득, 흡연 및 비만 환자 비율 축소, 질병 예방 및 재활치료 서비스 향상, 환자 정보 전산화 추진 등의 계획을 설정해 두고 있다.

목표 달성을 위해 사우디 정부는 외국 기업들에게 문호를 열어, 사우디 내부의 보건 및 의료 수준을 활짝 끌어올릴 구상이다. 2020 국가 개혁 프로그램에 따라 외국인의 의료 분야 투자 지분 100% 확보가 가능해졌으며, 현재 295개 병원 및 2,529개의 의료 센터 대부분을 2030년까지 민영화할 계획이다. 2030년까지 의사 수요는 약 1만 3700명으로 추정되며, 현재 2만 9000개의 병상은 2035년까지 4만 7000개로 확충할 계획이다.

외국 기업에 문 여는 사우디 의료시장, 한국 기업에는 기회

실제로 다수의 글로벌 헬스케어 기업들도 2018년부터 활발히 사우디 시장에 진출하며 한국 기업들이 네옴시티에 관심을 가져야 할 당위에 힘을 실어주고 있다. GE헬스케어는 2018년 사우디에 33개 의료센터와 7개 전문병원을 짓는 MOU를 체결했고, 필립스는 2019년 사우디 보건부와 통합 심혈관 의료 정부 관리시스템을 개발했다.

뒤이어 한국 기업들도 진출에 큰 관심을 보이고 있다. 지난 2023년 6월 12일에 아라비아 시장을 대상으로 중소기업벤처부가 후원한 'K-Business Day in Middle East 2023'에서는 총 50개의 한국 참여 기업 중 절반 이상이 의료기기 및 헬스케어 바이오 스타트업이었으며, 해당 시장에 대한 관심과 가능성을 보여주었다.

일례로 2018년 정형외과 전문인 부산 강동병원이 사우디 리야드에 진출하는 것을 목표로 MOU를 체결했으며, 2020년에는 KT가 코로나 자가격리 위치추적 전자밴드 10만 개를 사우디에 수출하기도 했다.

특히 국내 헬스케어 기업 중 주목받는 분야는 원격 의료다. 코로나 때부터 국내에서 한시적으로 허용되었던 비대면 진료는 현재 엔데믹 국면에 접어들며 사업 중단 위기에 놓이고 있다. 의사 집단이 비대면 진료를 격렬히 반대하는 데다가, 정부도 비대면 진료를 '한시적 허용'에서 '시범 사업'으로 바꾸며 언제든 중단될 수 있게 됐다.

이에 복수의 국내 헬스케어 기업들이 현재 사우디 및 UAE 진출에 관심을 기울이고 있다는 풍문이 흘러나온다. 사우디의 부족한 공공의료의 대안으로 비대면 진료가 네옴시티에서 전면 허용될 가능성이 높다는 판단이다. 이 책을 집필하는 과정에서 익명을 요구한 한 비대면 의료 스타트업 관계자는 "최근 UAE의 대학병원과 두세 차례 미팅을 가졌다"면서 "외출이 제한되는 여성들을 중심으로 부인과에 대한 비대면 진료 문의가 대부분이다"라고 말했다.

스타트업, 네옴시티에서 벤처투자 유치의 기회를 잡아라!

사우디를 선두로 한 GCC 국가들은 2000년대 들어 글로벌 벤처 투자 시장의 '큰손'으로 자리잡고 있다. 석유 중심의 국가 경제 구조로 인해 유가 및 환율 이슈에 실적이 크게 좌우되는 데다가, 2010년대 이후 전 세계적으로 신재생에너지를 중심으로 산업계를 재편하는 움직임이 퍼져 나가면서 GCC 국가들은 유망 기업에 대한 금융 투자로 산업 구조를 전환 중이다. 일부 한국의 유망 스타트업, 이른바 유니콘 기업도 GCC의 투자 대상으로 빠르게 부상하고 있다. 일례로 한국의 클라우드 스타트업 베스핀글로벌은 지난

베스핀글로벌은 UAE계 통신사인 이앤엔터프라이즈로부터 거액의 투자를 유치하며 아부다비에 중동사무소를 개설했다.[18]

2022년 12월 UAE 1위 통신사인 이앤엔터프라이즈(e& Enterprise)로 부터 무려 1400억 원의 투자를 유치했다. 사우디 정부는 PIF를 필두로 다양한 수단을 통해 벤처 투자 규모를 빠르게 확장할 전망이다.

네옴시티는 국내의 유망한 벤처기업과 스타트업, 그리고 사우디 정부 모두에게 좋은 기회가 될 전망이다. 세계 최대 규모의 스마트 시티라는 정체성을 지켜 나가기 위해 네옴시티는 여러 가지 혁신 기술을 시범적으로 도입하고 보급하는 시험장이 될 수밖에 없다. 국내의 유망한 벤처기업과 스타트업들, 특히 사우디 투자를 유치한 기업들에게 네옴시티는 외국 기업에 자신들의 기술과 서비스를 선

사우디아라비아 국부펀드인 PIF는 전 세계 벤처 투자 업계의 가장 큰손으로 군림하고 있다.[19]

보이는 최고의 쇼케이스가 될 수 있다. 사우디 정부는 투자한 기업들의 잠재력과 실현 가능성을 네옴시티에서 시연하는 동시에, 유망한 기업을 추가 발굴하는 계기로 삼을 수 있다.

국내 스타트업이 사우디 현지에서 거둔 좋은 성과도 이와 같은 기대감을 키운다. 중소기업부는 2023년 3월, 사우디아라비아의 글로벌 스타트업 경진대회 비반(BIBAN) 2023에서 한국 스타트업이 경쟁부문 1, 2위를 차지했다고 밝혔다. 1위를 차지한 엔젤스윙은 드론 기반 지리정보 측량 스타트업이며, 2위인 오톰은 저방사선 엑스레이 스타트업이다. 두 기업이 각각 네옴시티에서 큰 관심을 갖고 있는 모빌리티와 헬스케어 분야 기업이라는 사실은 많은 시사점을 던져 준다. 이 밖에도 '아기 상어'로 잘 알려진 더핑크퐁컴퍼니, 프롭테크(부동산 테크) 스타트업 알스퀘어, 홈즈컴퍼니, 아키드로우, 그리고 로봇 스타트업인 웨이브라이프스타일테크 등 다양한 기업들이 사우디 정부 및 사우디 투자청과 협약을 맺고 현지 진출을 타진 중이다.

중소기업벤처부는 같은 해 6월 사우디가 주요 출자자로 1억 5000만 달러 규모의 벤처펀드에 한국벤처투자가 1000만 달러를 출자하는 식으로 사우디-한국 공동 벤처투자 펀드를 조성하기로 합의했다고 밝혔다. 여기에는 사우디벤처투자(SVC)와 사우디 국부펀드 등이 참여하며, 무엇보다 한국기업에 의무적으로 1000만 달러 이상을 투자하도록 약정되어 있는 만큼 한국 스타트업 투자 시장에 호재로 작용할 전망이다.

주목할 점은 한국 정부가 중소기업벤처부를 주축으로 사우디를 비롯해 GCC 현지에서 한국 유망 기업 및 스타트업들을 소개하고 투자설명회(IR)를 열고 있다는 사실이다. 이들 기업들은 사우디를 포함해 중동 시장에서 큰 관심을 가질 만한 기업으로 구성돼 있는 만큼, 향후 네옴시티가 본격적으로 가동되기 시작한다면 그만큼 큰 수혜를 받을 만한 업종을 대변한다고도 볼 수 있다. 중기부 주도로 사우디에서 사업 설명회를 갖거나 투자설명회를 가진 기업들은 다음과 같다.

- 2023년 6월 12일. 두바이 K-Business Day in Middle East 2023 참여 기업

수출상담회 참여 기업

no	업체명	대표	품목	no	업체명	대표	품목
의료 (23)	㈜나이벡	정종평	골조직 이식재	뷰티 (20)	㈜피코스텍	김형진	오일 클렌저
	덴큐(DenQ)	이태훈	치과용 임플란트 고정체		레지에나	신승우	피부 리프팅 시술기
	주식회사 코러스트	조성찬	고빈도 흉벽진동기		아윤메디	오승현	실리프팅
	㈜신아전자	이재덕	개인용 산소 발생기		트레이드 엑스	이희연	피부재생 앰플
	주식회사 엑스바디	김미숙	보행 분석 시스템		메디코스 바이오텍	김순철	탈모완화 샴푸
	㈜마이크로디스플레이	이병삼	휴대용 유방 종양 자가진단기		㈜한섬코스	하신혜	사막 크림
	토마토 엠앤씨	윤영진	정형외과용 캐스트		㈜제이디 바이오	김진동	보톡스 주사제
	㈜서한케어	김경학	척추 임플란트		㈜뉴랜드 올네이처	이판호	영양크림
	㈜유람양행	김재분	고정 부목		주식회사 제이씨 엔컴퍼니	이찬우	스크럽 샴푸
	에스엘에스 바이오	이영태	체외 의료 진단 기기		㈜비엔씨 글로벌	BOZOROV FARIDUN	Elaxfill
	덴토존	구자형	구강라이트		스킨나인 코스메틱	김창규	수분크림
	㈜마쥬텍	곽노웅	정맥 뷰어 시스템		셀레너스	오진영	아르테미시아 카밍어스 앰플
	㈜아이에스엠	양일승	혈관 탐지기		카이로스	장현진	슈퍼리페어 세럼
	AMINC.	이혜연	피부 진단 레이저기기		달담	조철신	HILPA
	엠엠에이 코리아	이장현	의료 가스 공급 장치 시스템		메디앙스	이정수	마스크팩

	㈜메드스타	어금인도	내시경 이미지 시스템	스킨이데아	전복순	리프톡스 앰플
	대성마리프	이재경 이재화	정맥혈전 예방 시스템	유니크미	곽희옥	앰플
	㈜인코아	김동탁	내시경처치구류	㈜포아워스킨	우상미	바이오 셀마스크
	㈜네오메드	유영호	다기능 헬스케어 통증 완화 보조 기구	지엘케이인터내셔날	이규성	피부 솔루션
	팬토믹스	김판기 최병욱	심장MRI 영상 진단 보조 소프트웨어	라윤코리아	윤자혜	리프팅용 실
	㈜엘제이에이치바이오	이호석	피부색 실리콘 흉터젤	스마트팜 (5)	이에이아이에스	임청목	배지함수율 측정 장치
	㈜미코바이오메드	이성규	빈혈 헤모글로빈 측정기	㈜유비엔	안은기	탄소 저감형 딸기 컨테이너
	메디팜소프트	전재후	개인용 심전도 검사기기	우듬지팜	강성민	반밀폐 유리 온실
콘텐츠 (2)	복콘텐츠 주식회사	박종복	콘텐츠 (영화, 드라마 등)	델타이앤씨	김종민	Airfog 노즐
	주식회사아카뮤직	박종민	방송, 영화, OTT 용 배경음악(BGM)	아그로테크	이성춘	위탁관리 및 컨설팅

기술교류 상담회 참여 기업

순번	업체명	대표자	주요 기술현황
1	㈜한국워터 테크놀로지	전세정	전기 탈수기 및 탈수건조기
2	㈜모아데이타	한상진	인공지능 이상 감지 시스템, 인공지능 헬스케어
3	라이트비전㈜	정진하	① CCTV 기반 AI 주차 공유 서비스 ② 저시력자 버스 번호 자동 인식 솔루션
4	㈜현대틸스	송주성	CCTV (PAN/TILT)
5	주식회사 유니원	신윤석	해수 전해 장치
6	㈜피케이엘앤에스	박성우	전자 칠판, 전자 교탁

7	에스에스앤씨㈜	한은혜	방화벽 운영 업무, 자동화 솔루션 기술
8	㈜지비티코리아	류선용	휴대용 엑스레이 장비, 엑스레이 제너레이터 및 전자 시스템
9	㈜릴리커버	안선희	스마트 팩토리 시스템, 피부 진단 기기, 맞춤형 화장품
10	오스테오 바이오닉스㈜	이상윤	치과용 임플란트
11	㈜청진바이오텍	김철구	정제봉독, 유동층 코터, 화장품(세럼, 마스크)
12	나온웍스	이준경	일방향 전송 장비, VOIP 방화벽
13	산호인터내셔널	이수만	샤워필터
14	㈜텔미전자	박찬덕	센서 시스템
15	엑셀세라퓨틱스	이의일	무혈철 화학조성 배지
16	㈜휴원트	이욱진	디지털 의료 헬스케어 제품
17	㈜쉐어박스	산연식	실감콘텐츠 영상 및 솔루션 개발 (VR, AR, MR, XR)
18	㈜코매퍼	김달주	A-LAND

초격차 스타트업 IR

연번	스타트업	대표자	분야	세부 분야
1	㈜모빌테크	김재승	미래 모빌리티	자율주행
2	주식회사 클리카	김나율	미래 모빌리티	자율주행
3	아이칩 주식회사	송재훈	시스템 반도체	–
4	세이프웨어㈜	배경란	미래 모빌리티	전기수소차
5	비주얼캠프	석윤찬	바이오헬스	기기/헬스케어
6	㈜메디코스바이오텍	김순철	바이오헬스	기기/헬스케어
7	㈜로비고스	감태용	미래 모빌리티	자율주행
8	㈜에이버츄얼	감태준	친환경 에너지	–
9	㈜에바	이훈	미래 모빌리티	자율주행
10	㈜엘디카본	황용경	친환경 에너지	–

또한 2023년 3월 9일에는 이영 중소벤처기업부 장관의 초대로 사우디아라비아 리야드에서 개최되었던 스타트업 컨퍼런스 비반 2023에 다음과 같은 기업들이 참석해 기대를 키우고 있다.

회사명	분야	회사명	분야
갤럭시코퍼레이션	AI, 메타버스	에이치디티	엑스레이
넥스트온	농업	에이치투호스피탈리티	숙박
닷	스마트워치	엔젤스윙	드론
더핑크퐁컴퍼니	콘텐츠	웨이브라이프스타일테크놀로지	로봇 키친
시큐레터	IT 보안 솔루션	베스텔라랩	스마트 주차

네옴시티에
K-로봇을 전도한다

김범진 웨이브라이프스타일테크 대표 인터뷰

네옴시티의 건설이 진행됨에 따라 대기업 외에도 많은 한국 스타트업들이 한국 정부 또는 사우디 정부의 초청으로 현지를 방문하는 일이 많아지고 있다. 특히 스타트업의 경우에는 인구 천만에 가까운 최대 규모 스마트시티에서 전 세계에 자사의 기술과 서비스를 빠르게 실증할 수 있는 좋은 기회가 되기 때문에 많은 기대와 관심을 걸고 있다.

네옴시티의 '실제' 분위기는 어떨까? 한국 기업들은 이곳에서 실제로 기회를 잡을 수 있을까? 성공적으로 네옴시티와 사우디 시장에 진출하기 위해서는 어떤 준비가 필요할까? 이런 궁금증을 해소하기 위해 2023년 상반기에만 두 차례 정부 초청으로 네옴시티를 다녀온 스타트업 대표와 만나 현장의 목소리를 들어 보았다.

Q. 반갑습니다. 간단히 자기소개 및 회사 소개 부탁드립니다.

안녕하세요? 저는 웨이브라이프스타일테크의 김범진 대표이사입니다. 저희 회사는 2018년 설립됐으며 자체 개발한 조리 로봇과 AI 기술을 활용해 주방 자동화를 진행하고 있습니다. 저희 제품은 한 가지 로봇으로 여러 가지 요리를 만들 수 있다는 요소가 가장 큰 장점으로 꼽히고요, 이를 토대로 지난해에는 50억 원의 프리 A 투자, 그리고 올해에도 40억 원의 A1 투자를 성공적으로 유치한 바 있습니다.

Q. 네옴시티에 두 차례 다녀오셨다고 하는데, 그 경위가 궁금합니다.

중기부 초청으로 2023년 3월과 6월 두 차례 사우디 현지를 다녀올 수 있었습니다. 3월에는 현지의 스타트업 경진대회인 비반에 참석했고, 이어 6월에는 사우디에서 열리는 경제 리더십 포럼, 사우디 글로벌 매니지먼트 포럼(GPMF)에 참석했습니다. 올해 GPMF의 주빈국은 한국이라 아무래도 기술력 있는 스타트업들이 정부와 동행해 기술을 시연하는 자리를 가졌습니다. 라운드 테이블에서 사우디 국부펀드 관계자, 사우디 대사 등 중요 인사들이 관심을 가져 주었습니다.

Q. 사우디 측에서는 어떤 기술에 관심이 많던가요?

우선 네옴시티 자체가 현재 활발하게 진행되는 건설 프로젝트이다 보니 관련 스타트업에 일차적인 관심이 많습니다. 프롭테크(부동산혁신기술), 드론, 인공지능 등입니다.

다만 사우디 관계자들은 범위에 국한되지 않고 다양한 혁신 기업들과 이야기를 하고 싶어 하고 있기에, 저희에게도 많은 관심을 가져 주었습니다. 무엇보다 행사나 회의 때마다 사우디 정부 및 기업 관계자들이 적극적으로 질문이나 요청을 해 주셔서 깜짝 놀랐습니다. 대부분 고위 공무원이나 대기업 대표급인 분들이신데, 조금이라도 흥미로운 회사가 있으면 직접 와서 명함을 주시고, 세세한 부분까지 질문을 하고 넘어가시더라고요.

Q. 현지에서 본 사우디의 사업 기회에 대해서 이야기해 주세요.

저희 회사가 푸드테크 스타트업이다 보니 이 산업군을 중심으로 말씀드리도록 하겠습니다. 사우디는 빠르게 디지털화를 추진하고 있지만 F&B 사업은 아직 많은 혁신이 필요합니다. 우리나라에는 이제 많이 보급된 서빙 로봇도 사우디 전체에 단 한 곳 있는 수준이라고 하더라고요.

하지만 사우디 F&B 사업은 잠재력이 엄청납니다. 우선 일부다처제 국가에 출산율이 높다 보니 대가족이 많고, 그만큼 가정 내 조리의 부담도 큽니다. 외국계 마트를 가도 쇼핑카트 규모가 우리나라의 두 배 내지는 세 배입니다. 따라서 주방에서 주문도 대규모로 처리해야 하는 만큼, 로봇의 도움을 받아 빠르게 조리를 처리하려는 니즈가 있습니다.

저희는 현재 현지의 치킨 프랜차이즈 한 곳과 지점을 내기로 합의했으며, 더 나아가 케이터링 회사와도 다양한 가능성에 대해 이야기하고 있습니다.

Q. 재미있네요. 네옴시티 외에 사우디에서의 다른 사업의 기회는 없을까요?

사우디아라비아는 현재 네옴시티 외에도 키디야 관광단지 등 다양한 신도시를 구축하고 있습니다. 우리의 광교나 판교처럼 복합쇼핑몰 및 대규모 편의 시설을 중심으로 대규모 거주단지가 만들어지는 만큼, 문화적 소양이 높은 중산층의 수요가 폭발할 전망입니다. 여기에서 많은 기회가 발생할 겁니다.

Q. 네옴시티의 실현 가능성에 대해서 어떻게 생각하나요?

네옴시티가 각 영역에서의 하이테크가 요구되는 대규모 프로젝트이긴 하지만 실현은 가능하다라는 것이 현지 사회 분위기인 것 같습니다. 과거에는 구습과 부정부패로 새로운 시도들이 물거품이 되는 경우가 종종 있었으나 무함마드 빈 살만 왕세자라는 젊은 지도자가 이끄는 국가 프로젝트인 만큼 어느 곳에서도 보지 못한 최첨단 도시를 만들어낼 수 있다는 믿음이 사회 전체에서 끓어오르고 있는 것 같습니다.

6

네옴시티를 둘러싼
복잡한 외교 방정식

사우디의 외교 현황에
네옴 성패의 핵심이 있다

　네옴시티는 경제적이지만, 그 이전에 지극히 정치적인 프로젝트다. 무함마드 빈 살만의 왕위 계승과 사우디 왕가의 정통성, 중동의 지정학적 변화, 수니파와 시아파의 천 년 넘은 해묵은 갈등, 미중 무역 분쟁, 에너지 패권을 둘러싼 석유 업계와 신재생에너지 업계의 눈치 싸움 등이 복잡하게 엮여 있다. 따라서 네옴시티와 사우디 왕가를 둘러싼 외부 변수를 살펴보지 않고서는 이 프로젝트를 올바르게 이해하기 어렵다. 본 장에서는 네옴시티 내부가 아닌, 외부의 변수들을 간단히 알아보도록 하자.

외교 정책 분야에서 현재 빈 살만이 취하고 있는 기조는 '영원한 적도 없고, 영원한 친구도 없다'에 가깝다. 천 년 가까이 아웅다웅해 온 이란에 화해의 손길을 먼저 내미는 동시에, 사우디아라비아 건국 이래 외교 기조의 큰 틀을 이뤘던 절대적 친미 정책에 변화를 주고 있다. 이후 자세히 설명하겠지만 이를 단순히 반미 친중 외교로 이해해서는 절대로 안 된다. 오히려 그동안 당연하다 여겨졌던 사우디의 외교 정책에 근본적 변화를 줌으로써, 사우디가 타국에 외교의 '상수'가 아닌 '변수'가 되도록 자리매김하려는 의도라고 이해할 수 있다. 따라서 지금의 사우디가 보이는 정책에는 언제든지 적과 우군을 바꿀 수 있는 능동 외교를 통해 주변국과 G2에 받을 건 최대한 받아내는 실리적이고 복잡한 셈법이 담겨 있다는 해석이 현재로서는 가장 정답에 가깝다.

사우디의 급변하는 외교 정세를 이해하기 위해서는 먼저 우리가 '중동'이라고 뭉뚱그려서 부르는 지역의 인문적·종교적 분열을 짚고 넘어가야 한다. 지리적으로 통상 서쪽 이집트(엄밀히 말하면 북아프리카지만, 역사적·사회적으로는 중동으로 이해하는 편이 적합하다)부터 동쪽의 이란까지, 그리고 북으로는 시리아, 남으로는 오만과 예멘까지를 중동으로 분류한다.

우선 민족적으로 중동은 아랍계 민족과 이란계 민족으로 나뉜다. 사우디아라비아를 위시해 요르단, 시리아 등 대부분의 중동 국가는 우리가 생각하는 전형적인 '아랍인'이 주류를 이루는 국가다. 반대로 이란을 중심으로 거주하고 있는 이란계 민족은 우리가 생각하

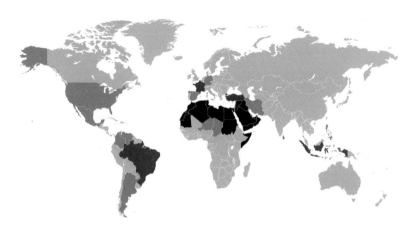

아랍인 분포 지도. 검은색은 아랍계가 주류를 이루는 나라이며, 색상이 짙을수록 아랍 인구의 절대적인 숫자가 많다. 이란은 일반 녹색, 즉 아랍계가 100~500만 수준이라는 의미다.[1]

는 백인, 즉 유럽인들과 가까운 외모를 하고 있다. 언어도 서로 달라 아랍인은 아랍어, 그리고 이란인은 이란어를 구사한다.

종교적으로는 크게 두 분파로 나뉜다. 전체 무슬림의 80% 이상을 차지하는 수니파와 소수파인 시아파다. 두 분파의 갈등은 무려 1300년 전으로 올라가는데, 무함마드 사후 후계 문제를 둘러싸고 시작된 갈등이 현재까지 내려왔다. 또한 시아파는 하나로 묶이기는 하지만 가장 큰 12이맘파 이외에도 이스마일파, 알라위파 등으로 나뉜다.

반드시는 아니지만 아랍계 민족들은 수니파인 경우가 대부분이며, 이란계 민족은 시아파인 경우가 많다. 가장 큰 시아파 국가는 전 국민 85%가 시아파 무슬림인 이란이며 이 밖에도 이라크, 바레인 등도 절반 이상의 인구가 시아파인 것으로 조사됐다. 시리아의 경우 시아파가 수니파에 비해 양적으로 소수지만 아사드 정권의 주류를 이루고 있으며, 레바논도 시아파의 목소리가 상대적으로 높은 나라다.

지정학적 리스크 관리에
힘쓰는 사우디

네옴시티 진행을 앞두고 사우디가 걷는 국제 관계 행보는 다음과 같이 요약할 수 있다.

첫째, 쓸데없는 지역 분쟁 리스크를 만들지 않는다. 자국 정권을 위협하거나, 새로운 사우디아라비아를 만들어 나가는 데 장애가 되지 않는다면 역사적 은원 관계는 잊어버리고 최대한 우군을 확보한다는 전략이다.

둘째, 멀리 떨어진 국가와는 철저하게 실리 외교를 취한다. 극단적인 상황이 아니라면 멀리 떨어진 미국이나 중국이 갑자기 페르시아만에 군대를 파견, 사우디아라비아를 위협하는 상황은 생각하기 어렵다. 이 두 강대국이 G2로 최근 치열한 경쟁을 벌이는 점에 착안해, 받아 낼 수 있는 것은 최대한 받아 내겠다는 전략이다.

천 년 넘은 숙적 이란을 품다

사우디와 이란은 최근 50년간 서로를 개와 고양이처럼 보는 관계였다. 각각 전 세계 수니파와 시아파의 맹주를 자처하는 두 나라는 시리아, 예멘 등 수니파-시아파 갈등이 벌어지는 내전에 적극 개입해 대리전을 치렀다. 갈등은 빈 살만이 실권을 잡은 직후인 2016년 사우디 정부가 자국 내 시아파 247명을 처형하고, 그에 대

이란의 에브라힘 라이시 대통령. 강경파인 그의 당선 당시 수니파 대 시아파의 해묵은 갈등이 터질 수 있다는 보도도 나왔으나, 결국 사우디와 이란은 국교 정상화에 성공한다.[2]

한 대응으로 이란이 단교를 선언하며 극에 달했다. 2021년 이란 대통령 선거에서는 대외 강경파로 분류되는 세예드 에브라힘 라이시(Ebrahim Raisi)가 당선되며, 양국의 해묵은 갈등이 다시 터져 나올 수 있다는 우려가 제기되기도 했다.

우려와 달리 2023년 3월 10일, 양국은 공식적으로 국교 재개를 선언하며 빠르게 갈등의 골을 메워가고 있다. 중국이 재개한 이 회담의 결과 양국은 서로 수도에 외교 공관을 다시 설치하고, 경제와 안보 측면에서 교류를 이어 가기로 결정했다.

사우디는 또 다른 시아파 국가인 시리아와도 우호적 분위기를 조성해 가고 있다. 지난 아랍의 봄 이후로 내전이 장기화되는 와중에 사우디는 시리아의 시아파 아사드 정부에 맞서는 수니파 반군을 꾸준히 지원해 왔다. 2018년에는 심지어 사우디 정부가 직접 시리아 파병 가능성을 제기하면서, 이란군과 사우디군이 사상 최초로 시리아 영토에서 전면으로 맞붙어 내전이 수니-시아파의 종교 전쟁으로 번질 가능성이 불거지기도 했다. 그러나 시리아 내전이 정부 주도하에 점차 봉합되는 분위기에 접어들고, 사우디도 네옴시티를 추진하며 양국은 평화를 원하기 시작했다. 그 결과 이란과 국교를 재개한 시점과 비슷하게 사우디와 시리아도 2023년 3월부터 국교 정상화에 돌입했다.

더 나아가 빈 살만 즉위 후 삐걱대던 사우디와 카타르의 관계도 점차 우호적으로 돌아서는 중이다. 두 나라는 모두 수니파 중심 GCC 석유 부국이라는 공통점이 있으나, 2010년대 이후로 계속해서 불편한 관계를 유지했다. 카타르는 전 세계 수니파 계열 이슬람 극단주의를 옹호한다는 의혹을 받고 있는데, 특히 무슬림 형제단(Muslim Brotherhood)의 배후라는 주장도 나온다. 이 조직은 지난 2011년 아랍의 봄 당시 중동 여러 국가에서 반정부 시위를 이끌었으며, 사우디를 비롯한 GCC 왕가의 사치를 비난하고 무슬림 중심의 대중주의 노선을 지향하고 있다. 당연히 사우드 가문에게는 눈엣가시 같은 존재일 수밖에 없다. 더 나아가 카타르가 보유한 알자지라(Al Jazeera) 등 방송 매체들은 연이어 사우디 정부를 비판하기도 했다. 이에 2017년 빈 살만 왕세자는 UAE, 바레인, 이집트 등 주변국과 함께 일종의 반카타르 동맹을 조성, 일시에 카타르와의 외교 관계를 끊고 카타르 국적 선박과 비행기의 영토 및 영해 출입

이슬람 대중주의를 부르짖는 무슬림 형제단은 많은 GCC 왕가에게 눈엣가시다. 이 때문에 지난 2017년 카타르와 사우디는 단교를 했으나, 2021년 극적인 화해에 성공했다.[3]

을 금지하는 조치를 취했다. 양국은 미국 및 쿠웨이트의 중재로 지난 2021년 1월 국교 정상화에 동의하였다.

이 밖에도 팔레스타인 이슈를 두고 2차대전 직후 지속적으로 갈등을 빚어왔던 이스라엘과 사우디가 화해할 가능성도 꾸준히 대두되는 중이다. 2023년 7월, 미국이 중재자로 나서 양국간 국교 정상화를 주도하고 있지만, 아직 그 결과를 속단하기는 이르다.

빈 살만의 '중동 데탕트', 왜?

사우디가 그동안 불편한 관계를 맺었던 주변국들과 서둘러 국교 정상화에 나서는 이유는 무엇인가? 이는 빈 살만 왕세자가 네옴시티를 필두로 자신이 주도하는 뉴 사우디아라비아에 특별한 지정학적 변수가 도출되는 걸 피하고 있기 때문이다. 앞에서 설명했듯 네옴시티가 위치할 타북은 사우디의 변방으로, 이스라엘, 시리아 등 그동안 적대적 관계를 맺어온 주변국과 매우 가깝다. 네옴시티 건설을 앞두고 외국의 막대한 투자를 유치해야 하는 상황에서 시리아, 이란 등 주변국과 트러블을 겪는다면, 외자 유치에 어려움을 겪을 수 있다. 큰 시험을 앞두고는 낙엽도 조심해서 밟는다는 말이 떠오르는 상황이다.

실제로 사우디의 이런 우려는 예멘 내전과 관련해 어느 정도 현실화되고 있다.

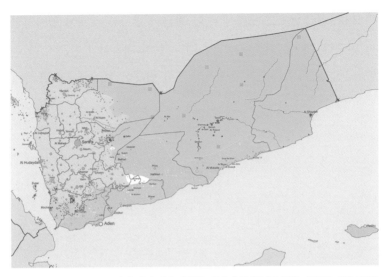

사우디-이란의 대리전이 되어 버린 예멘 내전은 10년째 큰 진보가 없다. (붉은색: 예멘 공화국
군 / 녹색: 후티 반군 / 노란색: 친UAE 계열)[4]

　2014년에 시작된 내전은 10년째 지루하게 일전일퇴를 거듭하고
있다. 예멘 정부가 사실상 붕괴한 상황에서 구 예멘 정부군 및 수니
파 연합군은 사실상 사우디군을 중심으로 구성돼 있다. 월남전이
표면상으로는 월남군과 월맹군의 전쟁이었지만 실제로는 미군과
월맹군의 전쟁이었던 것처럼, 예멘 내전도 후티와 사우디의 양파전
으로 점차 굳어져 가고 있다. 2016년부터 국방 보좌관 자격으로
예멘 전선을 주도해 온 빈 살만은 예멘 내전이 장기화되고 있다는
사실을 그 누구보다 잘 알고 있다. 후티 반군은 더 나아가 수니파
연합군 내부에서 반전의 목소리를 이끌어 내기 위해 게릴라성 드론
및 로켓 포격을 아라비아반도에 퍼붓고 있다. 실제로 2018년 7월

과 2022년 1월에는 UAE에 후티 반군이 발사한 로켓이 떨어지면서 민간인 사상자가 발생하기도 했다. 만일 네옴시티 인근에 단 한 발이라도 미사일이 떨어진다면 다수의 외국인 투자자들은 투자에 등을 돌릴 것이다.

미중 무역 분쟁과
빈 살만의 피벗 외교

네옴시티는 초기 계획부터 건설, 마무리 작업까지 글로벌 차원에서 진행되는 일종의 외교 프로젝트다. 대규모 개발 사업에서 특정 국가에게 참여할 수 있는 수주 기회를 주는 것도 외교의 연장이고, 반대로 특정 국가가 해당 사업에 과감히 투자하는 것 또한 외교의 연속이다. 국운이 걸린 네옴시티의 경우에는 더 말할 필요도 없다.

그중 더 주의 깊게 살펴봐야 하는 점은 미중 경제 갈등이다.

2020년대 들어 세계 최고 경제 대국 자리를 놓고 미국과 중국은 치열하게 대립하고 있다. 세계 1위 경제 강국인 미국의 뒤를 중국

사우디의 첫 국왕인 압둘아지즈 이븐 사우드는 이후 수십 년을 이어 온 사우디의 친미 외교 기조를 확립했다.[5]

이 바짝 따르자, 미국은 중국 기업 축출과 무역 제재 등으로 맞서고 있다.

흥미로운 점은 사우디의 행보다. 사우디는 1927년 건국 이래로 100년 가까이 꾸준히 친미적 행보를 이어왔으며, 특히 1938년 사우디에서의 첫 석유 시추가 시작된 이래로 양국의 동맹은 80년간 견고한 반석과 같았다.

빈 살만 왕세자는 이런 친미 일변도의 사우디 외교 관계를 돌려(Pivot) 놓은 첫번째 인물이다. 그는 여성의 운전을 사상 최초로 허용하고, 공식 석상에도 전통 복장이 아닌 양복을 입고 나서는 등

일견 친서방으로 보일 수 있는 행보를 보여 왔다. 그러나 2017년 대숙청으로 모든 권력을 장악한 이후 빈 살만은 일관성 있게 중국에 러브콜을 보내고 있다. 사우디는 2022년 러시아-우크라이나 전쟁으로 급등한 물가를 잡기 위한 미국의 석유 증산 요구를 거절했고, 이어 2023년에는 위안화 대출을 받아들이며 위안화 기반 오일 결제를 검토하는 등 달러 패권을 더이상 인정하지 않을 수도 있다는 낌새를 보이고 있다.

2022년 정권 교체 이후 외교의 큰 축을 바꾼 한국으로서는 신경 쓰이지 않을 수 없는 구도다. 한국은 박근혜 정권, 문재인 정권 모두 미국의 패권을 인정하면서도 중국과도 좋은 관계를 유지하는 등거리 외교의 기조를 닦아가고 있었다. 박근혜 정권 말기 사드 배치로 잠시 미국으로 추가 쏠리긴 했으나, 대통령 탄핵과 문재인 정부의 등장으로 양자간 균형의 끈은 다시 팽팽해졌다.

그러나 윤석열 정권은 전략적 모호성으로 상징되는 등거리 외교를 포기하고 친미 행보를 공식화 중이다. 미국을 국빈 방문하고 중국의 대만 침공을 견제하는 듯한 발언을 내놓으며, 반도체 중심 반중 기술 동맹인 칩4에 참여하는 등의 행보를 걷고 있다. 이런 방침이 1970년대부터 약 50년간 우호적 관계를 맺어온 한국-사우디 관계에도 영향을 미치지 않을지 걱정하는 목소리도 나오고 있다.

빈 살만이 주도한 외교의 방식은 중동에 만연한 반미주의로 받아들이기보다는, 미국 의존도를 낮추며 사우디 중심의 다자 외교에 드라이브를 거는 시도로 이해해야 한다. 미국 중심의 안보 패권은 인정하되, 경제적 차원에서 미국 일변도를 벗어나 중국과 러시아의 영향력을 일부 수용한다는 의미다. 사우디의 방침이 한국에 직접적으로 부정적인 영향을 끼치지는 않을 확률이 높다.

또한 반중 기조를 떼어 놓고 보면 윤석열 정부의 외교 기조는 중동을 중시하고 있는 만큼, 정부측에서의 관심과 지원은 꾸준히 이뤄질 전망이다. 박근혜 정권 말기에 중동 문제에 집중하면서 한국은 이란과 국교 정상화를 추진했지만 무산됐고, 이어 문재인 정권에서는 신남방 외교를 내세우며 사실상 중동에 대한 관심은 다소 사그라든 느낌이 없지 않았다. 반면 윤석열 대통령은 직접 UAE를 방문하고, 빈 살만 왕세자를 한국에 초청하는 등 중동 외교에 힘을 싣고 있다.

해당 외교의 성과로 꼽히는 것이 2022년 11월 17일에 있었던 총수 회담이다. 2022년 11월 17일 경기도 성남 공항을 통해 한국을 전격 방문한 빈 살만 왕세자는 윤석열 대통령과 미팅, 이어 8개 기업 총수와 미팅을 하는 강행군을 펼쳐 많은 일정을 한국에서 소화하고 18일 출국했다. 구체적인 성과는 비공개 회담인 만큼 밝혀지지 않았지만, 재계 일각에서는 2023년 상반기 한국 기업의 사우디 수주 실적이 상대적으로 크게 늘어났다는 후문을 내놓는다. 막후에서 줄 것은 주고, 받을 것은 받는 형태의 협상이 타결됐다는 평이다.

2023년 상반기 기준으로 피벗 전략은 사우디에게 유리하게 작용하고 있다고 평가된다. 오히려 미중 무역 분쟁, 그리고 러시아-

우크라이나 전쟁으로 인한 신냉전 구도 때문에 우군 늘리기에 마음이 급해진 미국이 사우디에 러브콜을 보내기 시작한 것이다. 5월 제이크 설리번 백악관 국가안보보좌관이 사우디를 방문한 데 이어 6월 토니 블링컨 국무부 장관도 사우디를 방문하며 연이어 빈 살만 왕세자에게 구애를 하고 있다. 바이든 행정부가 여전히 이란에 대한 제재를 풀지 않는 만큼, 중동의 키 플레이어로서 사우디의 중요성이 부각되고 있기 때문이다.

본격적으로 불붙은
GCC의 패권 경쟁

또 다른 변수는 GCC 국가들, 특히 UAE와 사이에서 벌어지는 묘한 경제 패권 신경전이다. 보편적으로 가까운 나라들은 사이가 좋지 않다. 인접국끼리는 지리적 · 문화적 환경이 비슷한 만큼 역사적으로 경쟁 관계에 있는 경우가 많다. 한국과 일본, 베트남과 캄보디아, 영국과 프랑스가 그 좋은 예다.

〈손자병법〉에는 '원교근공(远交近攻)'이라는 말이 있는데, 이는 가까이 있는 국가를 견제하기 위해 떨어진 국가와 우호 관계를 가져가라는 전략이다. 그동안 아라비아반도는 이런 전략이 무색할 정도

GCC 회원국.[6]

로 예외적이었던 지역 중 하나로, 사우디아라비아와 국경이 맞닿은 UAE는 건국 이래로 줄곧 우호적 관계를 맺어 오고 있었다. 일례로 OPEC에서 좌장 역할을 맡은 사우디가 증산 또는 감산 의제를 내면 UAE가 꾸준히 찬성표를 던져 주었으며, 역내 아랍 지역 분쟁에서도 보조를 맞추어 왔다. 양국이 모두 이슬람 수니파 국가로 시아파 국가인 이란, 이라크, 시리아, 그리고 예멘의 후티 세력과 대립하는 데다가, 사우디는 수니파 이슬람의 권위자라는 지위를, UAE는 아랍 지역에서 일종의 경제자유구역이라는 지위를 유지하는 것이 상호 체제 유지에 도움이 된 덕이다.

그런데 이와 같은 우호적 분위기에 최근 균열이 감지되고 있다. 이스라엘과의 국교 정상화, OPEC 가입국들의 석유 쿼터 배분, 예멘 내전 지속 여부 등의 이슈에서 양국이 첨예한 입장 차이를 보이고 있다.

양국 간 불편한 외교 관계는 경제 분쟁으로도 번져 나가고 있다. 사우디 정부는 2021년 초, 중동 지역 본부를 사우디 외에 둔 외국계 기업에 대해 정부 계약 수주를 금지하겠다고 발표해 GCC 국가 간의 불편한 기류를 조성했다. 중동에서 사업을 진행하는 기업들 중 대부분은 두바이에 본사를 두고 있다. 사우디 정부가 막대한 정부 수주 물량과 3500만 명에 달하는 내수 시장을 내세워 두바이의 경제 허브 지위를 빼앗으려 든다는 해석이 있다.

사우디가 네옴시티를 출범하자 UAE, 특히 두바이 역시 적극적인 도시 개발 계획을 내세워 '맞군'을 부르는 모양새다. 2023년 초 두바이의 국가 원수인 셰이크 무함마드 빈 라시드 알 막툼은 향후 10년간 32조 디르함, 무려 1경 원을 넘어서는 규모의 적극적인 인프라 투자를 통해 GDP를 2배 수준으로 끌어올리겠다는 발표를 했다.

더 나아가 네옴시티 자체가 아부다비에서 10여 년 전부터 추진하던 마스다르시티를 의식한 프로젝트라는 평가도 있다. 두 도시는 모두 사막 위에 건설하는 제로 탄소 스마트시티라는 공통점이 있지만, 그 규모에서 수백 배 이상의 차이가 난다.

1인당 GDP 기준 GCC 최대 부국인 카타르도 2022년 월드컵 개최 성공으로 국가 신인도를 빠르게 끌어올리며, 지역 내 주요 경제거점으로 발돋움하고 있다.

이와 같은 경쟁 상황은 한국 기업들에게 한편으로는 큰 기회로,

또 다른 한편으로 돌발적인 리스크로 작용할 수 있다. 사우디와 UAE가 경쟁적으로 인프라를 구축하고, 자국에 진출하는 기업에 적극적으로 인센티브를 제공한다면 그만큼의 사업 기회가 열리기 때문이다. 반면, 역으로 상대국 거점 기업들에게 불이익을 제공한다면 한국 기업들의 중동 진출 셈법은 복잡해질 것이다.

MICE 외교,
중동에서 꽃피다

　향후 10년간 중동에서 실패할 수 없는 산업을 하나 꼽으라면, 단언컨대 그것은 MICE 산업이다. MICE란 부가가치가 큰 복합 전시 사업을 의미하며, 구체적으로는 회의(Meeting), 인센티브 관광 (Incentive tour), 컨벤션(Convention), 전시회(Exihibition)의 4개 비즈니스 분야를 포함한다. 바로 앞에서 언급한 GCC 지역의 경제 패권 경쟁과 맞물려 향후 이 지역의 MICE 산업은 폭발적인 성장을 구가할 것이 확실하다.

　GCC의 MICE 전성기는 두바이가 쏘아올렸다. 두바이는 2021년

두바이 엑스포는 GCC 국가 간 MICE 산업 유치 경쟁의 신호탄을 쏘아 올렸다.[7]

말, 코로나의 영향으로 예정보다 한 해 늦게 '2020 두바이 엑스포'를 개최해 2022년 초 마무리했다. 엑스포를 위한 투자 금액은 약 45조 원으로, 경제 효과는 40조 원대로 추정되는데 이는 투자금과 비슷하거나 소폭 손해를 입은 수준이다. 하지만 금전적 손실과는 별개로 해당 엑스포는 상당히 성공적인 엑스포로 현재까지 평가받고 있다. 무엇보다 코로나 19로 전 세계인들의 심신이 모두 지쳐 있는 상황에서 2300만 명의 관람객을 모았는데, 이는 직전 2015년 밀라노 엑스포의 2150만 명보다 10% 정도 증가한 수치다. 코로나로 인한 방역이 유지되는 상황에서의 국제 행사였기에 관광객 유치의 순도는 더욱 높다고 할 수 있다. 또한 중동 지역에서 개최된 최초의 글로벌 행사였다는 점도 중요하다.

바통을 바로 이어받은 나라는 카타르였다. 카타르는 2022년 월드컵을 완주하며, 전 세계 사람들의 주목을 받았다. 단순히 경제적 측면에서만 보자면 투자 금액이 300조 원으로, 직전 월드컵 개최지인 러시아의 투자 금액 17배에 달하는 등 성공적인 개최라고 부르기에는 어려워 보인다. 그러나 중동지역에서 최초로 개최된 전 세계 대상의 권위 있는 스포츠 행사였으며, 무엇보다 이름조차 생소하던 카타르라는 국가의 인지도를 끌어올리는 데 큰 힘이 됐다. 무더운 날씨와 경험 부족으로 카타르가 월드컵 개최를 중도 포기하리라는 시각도 많았지만, 이런 악재를 극복하며 다른 GCC 국가들에게 할 수 있다는 자신감을 심어주었다.

카타르 월드컵은 중동 지역에서 펼쳐진 사상 첫 세계 규모 국제 대회로, 많은 GCC 군주들에게 영감과 질시를 주고 있다.[8]

이런 국가 행사는 당연히 국가 신인도와 인지도를 높이는 결과를 가져오지만, 더 나아가 GCC 지역만의 특수한 효과도 있다. 대부분 절대군주정을 취하는 이 지역에서는 글로벌 행사 개최가 왕실의 권위와 영향력을 강화해 주는 효과가 크다. 실제로 두바이의 함단 왕세자는 2020 두바이 엑스포를 사실상 주도하며 향후 왕위 계승의 정당성을 쌓았다는 평이 많다. 왕권 강화와 국제 사회에서의 존재감 제고를 원하는 빈 살만 왕세자 입장에서는 두바이와 카타르의 성공 사례가 부러울 수밖에 없다.

2023년에는 카타르 도하 원예 엑스포가 예정되어 있다. 원래 2021년 예정이던 이 행사는 두바이에서 개최된 등록박람회(Registered Expositon)보다 등급이 낮은 인정박람회(Recognized Expositon)이지만, 국제박람회기구(BIE)에 공인받은 정식 세계 행사다. 카타르는 이를 통해 월드컵 완수의 좋은 분위기를 이어 가겠다는 구상이다.

이런 상황에서 GCC의 최대국이지만 그동안 어떤 행사도 개최하지 못한 사우디는 마음이 급한 모양새다. 2029년 동계 아시안게임과 2034년 하계 아시안게임을 연달아 개최하겠다고 손들어 개최지로 선정된 데 이어, 2030년 엑스포 개최도 추진하고 있다. 부산시도 2030년 엑스포에 사활을 걸고 있는 점을 고려하면, 사우디와 한국이 본선에서 맞붙을 가능성도 점쳐진다.

말할 필요 없이 엑스포나 아시안게임급 행사는 정부 주도 외교와 민간 주도 외교가 함께 펼쳐지는 장이다. 한국 기업과 개인들이 중동 지역의 사우디를 위시한 정부 담당자와 네트워크를 형성하고, 향후 협업을 논의할 수도 있다. GCC 지역의 정부 담당자와의 미팅이 비선이나 순방의 제한적인 기회를 통해서 주로 이루어진다는 점을 고려하면, 국제 행사 유치를 통해 드물게 양지에서 의사결정 권자와 실무자를 모두 미팅할 수 있는 기회가 주어질 전망이다.

사우디-이란 사이에
새우등 터진 중동 전역

사우디는 명실공히 GCC 지역의 패권국으로, 단순히 자국의 번영과 부강을 꾀하는 것을 넘어 중동 지역 타국들에게 정치·외교적 영향력을 끼치고, 지정학적 리더십을 가져가고자 한다. 종교적으로는 약 20억 명에 달하는 전 세계 무슬림들에게 영적인 리더십을 발휘하고, 이를 실질적인 소프트파워로 변환하고 싶어 한다. 사우디 국왕의 명칭 뒤에 붙은 '두 개의 성지의 수호자'라는 수식어는 바로 이런 사우디의 야망을 보여준다.

실제로 세계 양대 강국, 미국과 중국 모두 사우디의 GCC 지역에 대한 지정학적 패권을 어느 정도 인정하고 있다. 사우디가 산유국 연합인 오펙플러스의 사실상 수장 역할을 맡은 것도, 인접국인 예멘 내전에 간섭하기 위해 수니파 이슬람 연합군 소속 중에서도 가장 큰 군대를 파병한 이유도, 그리고 이집트와 요르단에 꾸준히 투자를 집행하고 있는 이유도 바로 지역 패자로서의 행보로 이해할 수 있다.

그럼, 사우디의 지역 패권을 방해하는 가장 큰 적은 누구일까? 바로 이란이다. 두 국가는 국경이 직접 인접하지 않아 육로로는 이라크와 쿠웨이트를 사이에 끼고 있고, 해로로는 페르시아만을 가로질러 마주보고 있다. 양국은 1979년 이란 이슬람 혁명 이후 단교와 국교 재개를 거듭하며 신경전을 벌이고 있다. 뿐만 아니라 인접국의 내전에도 개입해 가뜩이나 복잡한 중동의 현대사를 더욱 꼬아 놓는 중이다.

양대 지역 패권국이 대립각을 세우는 가장 큰 이유는 종교 때문이다. 사우디는 이슬람, 특히 전 세계 수니파 이슬람의 종주국인 반면 이란은 시아파 이슬람의 고향 같은 곳이다. 그래도 1979년 이란 이슬람 혁명 이전까지는 사우디의 사우드 왕국과 이란의 팔라비 왕조 모두 친미 성향이었던 만큼 별다른 갈등이 드러나지 않았지만, 이란이 시아파 신정일치 국가임을 선언한 이슬람 혁명 이후 갈등은 수면 위로 올라왔다.

이란-이라크의 8년간의 치열한 전쟁(1980~1988)에서도 사우디는 이라크의 손을 들어주며 이란과의 갈등을 본격화했다. 무엇보다 자신들의 턱밑에 원리주의 시아파 신정국가가 탄생하는 것을 경계했기 때문이다. 특히 사우디가 중동에서 드문 친미 국가이고 반대로 이란은 대표적인 반미 국가였기에 미국은 노골적으로 사우디의 중동 패권을 편들어 이란을 견제해 왔다.

2008년 아랍의 봄 이후 중동 각국에서는 정권이 붕괴하고 종교적 분파들이 득세하며 춘추전국시대처럼 동시다발적으로 내전이 발생했다. 사우디와 이란은 이때를 기점으로 각각 수니파와 시아파의 종주국을 자처하며 중동 전역에서 대리전을 치르고 있다. 대표적으로 예멘의 정부군(수니파) 대 후티 반군(시아파), 시리아 아사드 정권(시아파) 대 수니파 반군, 이라크 내전 등이 그 일례다.

사우디와 이란의 대립은 현대에 와서는 종교적, 정치적인 양상을 띠지만 좀 더 거슬러 올라가면 인종적이고 역사적인 기원을 갖고 있다. 무엇보다 사우디 국민의 주류는 아랍인, 이란 국민의 대다수는 백인계 아리아인이다. 두 민족은 이슬람 발흥 이래로 1400년 동안 이슬람 국가의 종주권을 두고 다퉈왔다.

다만 이와 같은 긴 분쟁도 최근 봉합될 여지를 보이고 있다. 사우디와 이란은 2023년 국교 정상화에 합의하며 데탕트 분위기에 접어드는 중이다. 이 배경에는 사우디가 최근 친미 일변도의 외교에서 벗어나 다자간 외교를 추진 중이라는 사실이 있다. 사우디가 미국의 중동 지역 대리인을 벗어나 다양한 외교 카드와 협상력을 가져야 하는 만큼, 시아파의 수장인 이란과도 대립각을 세울 이유가 하나 사라진 것이다.

결론

네옴시티의
미래를 그리다

　여기까지 읽은 독자들은 '그래서 네옴시티가 성공할 것인가?'에
대한 궁금증을 지울 수 없으리라는 생각이 든다. 워낙 초기인 만큼
지금 단계에서 성공과 실패를 말하기에는 사실 아직 매우 이르다.
다만 어설프게나마 네옴시티가 성공했을 때, 그리고 실패했을 때
사우디아라비아와 빈 살만 왕세자, 그리고 전 세계에 끼칠 영향을
추측해 볼 수는 있다.

　서론에서 말했다시피 본 저서는 네옴시티의 정량적인 목표보다
는 오히려 이를 통해 빈 살만이 그리고자 하는 새로운 사우디의 모

습, 그리고 배경에 집중하고자 했다. 네옴시티의 성공과 실패 또한 사우디가 내세운 수치보다는, 얼마나 혁신적이고 새로운 스마트시티를 구축했고 사우디 사회에 어떤 영향을 끼쳤는지를 기준으로 판단하고자 한다. 지극히 저자 개인의 자의적인 추론이니 향후 보완해야 할 부분이 많다.

현재까지 공개된 네옴시티의 4대 하부 프로젝트, 더 라인과 옥사곤, 트로제나 및 신달라 중 가장 중요도가 떨어지는 내용은 신달라다. 홍해의 작은 섬에 호화 리조트를 건설하는 프로젝트가 성공한다고 해서 사우디 사회와 경제에 끼칠 외부 경제 효과는 매우 제한적이며, 실패한다고 해도 역시 그 외부 불경제 효과가 대세에 영향을 미치지는 못할 것이다.

결국 네옴시티의 핵심 프로젝트는 더 라인이다. 이 선형의 거대한 도시가 어떤 모습으로 구축되고, 얼마나 많은 사우디의 젊은이들과 중산층 이상의 로컬 주민, 그리고 외국인들을 끌어들일 수 있는지가 중요하다. 탄소 제로 스마트시티라는 구호에 맞게 환경에 대한 부정적 영향을 최소화하면서 혁신 기술을 녹여낼 수 있을지, 도시로 혼자 자립할 수 있는지가 성패를 가르는 잣대가 될 것이다. 인구 100만~900만 명을 유치하겠다는 사우디 정부의 선언은 사실 그다지 중요하지 않다. 인구는 수십만 수준이면 도시로 자생하기에 충분하며, 도시공학적인 완성도와 혁신성, 그리고 실거주성에 집중하고자 한다.

그다음으로 중요도가 높은 프로젝트는 옥사곤이다. 메이드 인 사우디의 염원과 혁신 기술 강국이라는 빈 살만의 기대를 담은 이 산업단지는 더 라인에 비해 실현 가능성이 높아 보인다. 기술력과 자본력을 보유한 외국계 기업과 연구 기관들이 이 부유식 인공섬의 매력도를 얼마나 높게 평가할지, 특히 잠재적 경쟁 대상인 UAE 두바이와 아부다비, 그리고 카타르의 도하에 비해 기업하기 좋은 환경으로 여길지가 중요하다. 입주하는 기업들의 양과 질이 옥사곤의 성공 여부를 결정할 전망이다.

트로제나는 상대적으로 중요성이 떨어지기는 하나, 네옴시티의 성공과 관련해 반드시 짚고 넘어가야 할 요소다. 더 라인 및 옥사곤과 지리적으로 떨어진 복합 관광단지지만, 네옴시티의 완공 예정 시점과 근사한 2029년에 마침 트로제나에서 동계 아시안게임이 예정되어 있다. 네옴시티가 빈 살만이 주도하는 정치적 프로젝트라는 점에서 동계 아시안게임은 그가 주도하는 사우디아라비아의 위상과 직관된다.

만일 네옴시티가 원안대로 성공한다면

만일 네옴시티가 원안에서 설정한 목표를 대부분 달성한다면 빈 살만 왕세자와 사우디아라비아에는 더할 나위 없이 좋은 상황이 될 것이다. 이 경우 네옴시티는 단순히 중동의 경제/테크 허브를 넘어 싱가포르나 홍콩, 스위스 같은 글로벌 경제 중심지로 부상하고, 더 나아가 GCC 일대의 경제 성장을 주도하게 된다.

종합적으로 사우디는 OECD 가맹국을 넘어 G8급의 국력을 보유하게 될 것이다. 기존의 '중동 지역 수니파의 중심 국가'라는 정치적, 종교적 권위에 오일파워를 넘어서는 막강한 경제적 동력을 더한다면 단순한 부국이 아닌 '선진국'으로 도약할 수 있다. 그리고 많은 중동·이슬람 국가들이 사우디를 롤 모델 삼아 국가 개혁과 스마트시티 개발에 관심을 기울이게 될 것이다.

경제적으로는 드디어 갖추게 된 제조 역량과 막대한 구매력을 중심으로 하는 내수 시장이 연료 역할을 하며 중동 최대의 경제 부국으로 거듭날 것이다. 사우디는 24세 이하 인구가 무려 40%에 육박하는 등 매우 젊은 국가지만, 공공 부문과 석유 부문을 제외하면 젊은 층이 일할 수 있는 양질의 일자리가 많지 않다는 점이 만성적 숙제로 지적받아 왔다. 그러나 네옴시티가 제조와 하이테크, 금융 분야 일자리를 쏟아낸다면 사우디 젊은이들은 좋은 일자리를 골라갈 수 있는 행복한 고민에 빠질지도 모른다.

정치 외교적으로 빈 살만 왕세자는 개조(開祖) 이븐 사우드를 이은 역대 최고의 성군으로 추앙 받으며 성공적으로 왕위를 승계할 것이다. 자신에게 반대하는 많은 유력 왕자들이 이미 2017년부터 계속된 숙청으로 실권을 잃은 만큼, 빈 살만의 왕권은 역사적인 절대 군주들과 어깨를 나란히 하게 된다. G2를 포함해 중동에 이익이 걸린 모든 국가들은 이제 빈 살만의 눈치를 보며 중동 전략을 짜야 한다.

사회적으로는 현재의 두바이와 유사한 다민족 사회가 구축될 가능성이 크다. 즉 사우디 국적의 아랍인들이 핵을 이루지만 네옴시티의 풍요를 누리려는 우수한 외국 인재들이 다수 몰려들어 다민족 사회의 양상을 띠게 된다. 네옴시티가 막대한 자본력과 정부의 문화 육성 정책, 그리고 자유로운 사회 분위기를 토대로 인도의 발리우드를 넘어서 미국의 할리우드와 비견될 만한 문화 및 스포츠의 중심으로 성장하는 것이다.

2029년 네옴시티 동계 아시안게임과 2034년 리야드 하계 아시안게임은 이런 새로운 사우디의 국력을 전 세계에 자랑하는 쇼케이스로 기능한다.

이 경우 두바이는 그동안 중동의 금융 허브, 아랍의 사회적 해방구로 기능하던 지위를 위협받을 전망이다. 사우디는 인구가 두바이보다 10배 가까이 많으며, 또한 에너지 주도권이라는 측면에서는 애초에 비교 대상이 아니다. 여기에 사우디가 제조 역량과 서비스업 역량을 갖추고, 기업하기 좋은 환경과 자유로운 사회 분위기가 조성된다면 아랍 지역의 자본과 인재를 블랙홀처럼 빨아들이게 된다. 그동안 두바이에 중동 및 북아프리카 지역 본사를 두었던 글로벌 기업들도 차례차례 네옴시티와 리야드로 본사를 옮길 공산이 높다.

만일 네옴시티가 절반의 성공을 거둔다면

개인적으로 추측컨대 가장 실현 가능성이 높은 시나리오로 평가된다. 이 시나리오에서는 비전 2030과 네옴시티가 지향했던 일부의 목표는 성공, 그러나 다른 목표는 실패한다는 전제를 깔고 있다. 사우디 정부는 네옴시티 성공을 위해서 기꺼이 거대한 자본과 시간을 할애할 준비가 돼 있다. 다만 사우디라는 국가가 그동안 워낙 폐쇄적이고 관성으로 유지돼 온 만큼, 자본 투입을 통해 단기적으로 해결할 수 있는 목표는 성공 가능성이 높지만 사회 문화적 변화를 수반해야 하는 목표는 미완의 숙제로 남으리라는 추론이 가능하다.

가장 가시적인 성과를 거두기 쉬워 보이는 측면 역시 경제적 측면이다. 우선 현재를 팔아 미래를 사는 전략, 즉 석유 분야 자산을 매각하고 이렇게 확보한 자본으로 미래 성장 동력을 확보하는 계획은 성공 가능성이 높다. 석유 주도적 경제 모델을 자본 주도형 경제 모델로 부분적으로 전환할 수는 있으나, 이는 석유에 대한 의존도를 낮추는 수준이지 아예 탈석유 경제로의 패러다임 시프트를 이루기는 쉽지 않아 보인다.

반대로 사회 전반의 개혁은 오랜 시간이 필요한 만큼 단기간에 달성하기는 어려워 보인다. 무엇보다 사우디 곳곳에 뿌리박힌 관행과 제도들, 그리고 이로 인해 사우디인들의 머릿속에 자리 잡은 가치관과 문화는 빈 살만 개인의 의지와 급격한 개혁으로 쉽사리 바꾸기 어렵다. 젊은 세대들이 빈 살만의 개혁을 지지한다 하더라도 사회 곳곳에 널리 퍼진 보수성과 이슬람 원리주의는 사우디 사회의 빗장 역할을 여전히 수행할 것이다. 네옴시티 건설 붐에 맞추어 외국인의 비중은 급격히 높아지겠지만, 유능한 외국인 사업가나 인재보다는 여전히 단순 노무자 중심으로 이민자가 유입될 가능성이 크다.

만일 네옴시티가 대부분의 목표 달성에 실패한다면

빈 살만 개인으로서도, 사우디 정부로서도, 그리고 참여한 한국 기업들에게도 모두 생각하고 싶지 않은 시나리오다. 네옴시티에 막대한 자본을 투자하고 오랜 시간이 지났지만, 결국 기존 사우디의 관성과 경직성을 깨지 못했다는 의미다. 이 경우 네옴시티는 유령 도시로 전락하며, 이곳에 투자한 외국인들은 실망에 지쳐 빈손으로 사우디를 떠난다. 한국 기업들은 건설 대금을 제대로 지급받지 못해 막대한 영업 손실을 입는다.

최소 수백조 원을 탕진한 상황에서 재정 적자를 메우기 위해 사우디 정부는 석유 등 부존자원 수출에 더욱 매달릴 수밖에 없다. 이 와중에 글로벌 우량 기업과 혁신 기업에 대한 투자는 손실을 피하기 위해 점점 줄어든다. 제조업에 대한 투자도 쉽지 않아질 전망이다.

사회적으로도 보수 세력의 목소리는 더욱 커질 것이다. 역사적으로 볼 때 아라비아반도에서는 경제적 어려움에 처하면 이슬람 원리주의, 특히 와하비즘 계열의 목소리가 커져왔다. 사우디 왕가가 건국 이래로 와하비즘과 거리를 두고자 노력을 해왔지만, 네옴시티가 실패한다면 결국 와하비즘의 영향력은 다시 시골과 소외된 청년층을 중심으로 커질 수밖에 없다.

빈 살만 또한 왕위 승계에 어려움을 겪는다. 그동안 억눌러 왔던 다른 왕자들의 반발이 다시 튀어나오기 시작하며, 또한 사우드 가문이 단 한 번도 시도해 본 적이 없던 부자 상속에 대한 회의론도 부상하기 시작할 것이다.

과연 어떤 미래가 현실이 될까? 아직은 알 수 없다. 아랍인들이 즐겨 말하는 단어대로 인샬라. 신의 뜻에 따라서 결정될 것이다.

필자가 항상 관심을 가져 왔던 주제는 "어떻게 인간이 사회적, 환경적 도전에 맞서 나가는가?"이다. 저명한 역사학자 토인비는 역사를 도전과 응전의 연속이라고 정의했다. 이와 유사한 구도에서 인간의 집단들, 가령 국가, 종교, 기업은 내부와 외부에서 끊임없이 다가오는 위협을 맞닥뜨리며 이를 극복해 내지 못하면 과거에 매몰된다.

네옴시티는 경제 사회적인 급격한 변화에서 사우디아라비아가 뽑은 응전의 칼이다. 석유 중심 경제는 빠르게 저물어 가고 있으며, 국가 시스템 전반이 석유 부존을 전제로 맞추어진 사우디는 이대로라면 큰 위험에 빠질 가능성이 높다. 무언가를 시도해야 하는 상황에서, 빈 살만 왕세자는 국운을 걸고 아무도 해 본 적 없는 신도시 건설에 나섰다.

현재까지 공개된 네옴시티의 청사진은 분명 매력적이지만, 그 이상으로 우려되는 지점이 많다. 무엇을 하겠다는 내용은 있지만 어떻게 하겠다는 부분들에 대한 디테일이 많이 떨어진다. 워낙 그 공백이 큰 탓에, 성공 가능성에 대한 회의론도 꾸준히 나오고 있다.

다만 본서를 저술하면서 나름대로 큰 노력을 기울인 탓일까? 원고를 탈고하는 현 시점에 와서는 부지불식간에 네옴시티의 성공을 은근히 바라게 됐다. 어쨌건 도전에 응전하려는 시도, 그리고 그 도전에 많은 창의력과 과감한 시도가 있다는 것 자체만으로도 가치가 높다는 판단에서다.

이 모든 혁신의 중심에는 빈 살만이 있다. 혹자는 사우디가 일전에 가져 보지 못한 혁신적인 지도자라고 찬탄하고, 혹자는 사우디에서 태어난 김정일이라고 독설을 퍼붓는다. 양쪽의 말은 모두 어느 정도의 진실을 담고 있으나, 한 가지 확실한 건 그의 시도는 건국 이래 다른 사우디아라비아의 지도자들이 시도해 본 적도 없는 대역사라는 점이다. 네옴시티가 성공하면 성공하는 대로, 네옴시티가 실패하면 실패하는 대로 짧게는 5년, 길게는 10년쯤 후 신문의 국제면에서 빈 살만의 이름을 더 많이 볼 수 있을 것이다.

지금 사우디아라비아의 상황은 19세기 사우드 가문의 대적(Arch Enemy)이었던 오스만튀르크와 매우 닮았다는 생각이 든다. 오스만튀르크는 5세기 넘게 막대한 부와 강대한 군사력으로 전 이슬람 세계를 주름잡는 패권국이었으나, 신대륙의 발견과 자본주의로 지중해 세계가 몰락하며 점차 쇠락해 가고 있었다. 이전까지 오스만

튀르크가 시도했던 점진적 개혁은 구세력의 반발과 내생적 한계로 무위로 그치고 말았다.

이에 1839년 오스만의 술탄, 압둘메지트 1세는 탄지마트 개혁을 일으킨다. 이는 입헌군주제로의 전환과 서구식의 제도 도입, 군제 개혁 등을 담은 급진적 개혁이었으나 정치 불안과 보수파의 반발, 외세의 개입 등으로 끝내 실패로 돌아가고 말았다.

이후로 오스만튀르크는 극심한 혼란에 시달리고 국토가 외세, 그리고 오스만튀르크에서 독립해 나간 여러 민족들, 예컨대 불가리아, 그리스 등에게 침식당했다. 특히 1차대전에 패배하면서 반대편에 섰던 그리스, 프랑스, 영국 등에게 나라가 이리저리 찢겨 멸망일보 직전까지 몰렸다.

그러나 극적으로 케말 파샤라 불리는 젊은 군 장교가 튀르키예군을 이끌고 외세를 몰아냈다. 이후 케말 파샤는 사실상의 독재자로서 근대화 및 세속주의 개혁을 완수해 현대의 튀르키예를 정립했다. 대부분의 튀르키예인들은 케말 파샤를 국부, 즉 아타튀르크(Ataturk)라 부르며 지금까지도 높이 추앙하고 있다.

빈 살만의 네옴시티는 실패로 돌아간 탄지마트 개혁이 될까? 아니면 케말 파샤의 성공한 튀르키예 근대화 개혁이 될까? 물론 단기간에 결론 날 문제는 아니고, 사우디 정부가 공표한 더 라인의 1차 공기, 2029년까지는 기다려 보아야 한다.

이 책을 마무리하는 6월 말 시점에서 윤석열 대통령은 파리에서 2030년 세계박람회의 부산 유치를 위해 피칭을 진행 중이다. 공교

롭게도 맞수는 사우디아라비아의 리야드로, 빈 살만 왕세자 또한 파리 현지에서 박람회 유치를 위해 현재 체류 중이다. 한국과 두바이를 오가며 다양한 프로젝트를 진행하는 저자의 입장에서는 '부산 박람회'와 '리야드 박람회' 모두 꼭 방문해 보고 싶은 매력적인 박람회다. 다만 한국인인 만큼 아무래도 부산 박람회를 조금 더 응원하는 마음은 어쩔 수 없다.

주

서론

1 이미지 출처: "TROJENA: The mountains of NEOM", NEOM, https://www.neom.com/en-us/regions/trojena

2 네옴 하위 프로젝트의 공식 명칭인 '더 라인', '트로제나', '옥사곤'을 제외하고, 가상의 하루를 구성하며 언급한 기업 등의 명칭은 모두 존재하지 않는 허구의 기업이다.

3 이미지 출처: "League of Arab States Pavilion", Expo 2020 Dubai, https://www.expo2020dubai.com/en/understanding-expo/participants/organisation-pavilions/league-of-arab-states

| 1장 | 사우디를 이해해야 네옴시티가 '바로' 보인다

1 이미지 출처: "HRH PRINCE MOHAMMED BIN SALMAN ANNOUNCES THE LINE AT NEOM", NEOM, https://www.neom.com/en-us/newsroom/gallery

2 "World Economic Outlook Database", International Monetary Fund, https://www.imf.org/en/Publications/WEO/weo-database/2023/April

3 이미지 출처: Abdolrashidi, "left: Sheikh Zaki Yamani, former Saudi Arabian Oil Minister, in his house in London. right: Ali Akbar Abdolrashidi, Iranian journalist", Wikipedia, https://en.wikipedia.org/wiki/Ahmed_Zaki_Yamani#/media/File:Zaki.jpg (CC BY-SA 3.0)

4 이미지 출처: The Royal Society, "Elon Musk is a technology entrepreneur, investor, and engineer.", Wikipedia, https://en.wikipedia.org/wiki/Elon_Musk

#/media/File:Elon_Musk_Royal_Society_(crop2).jpg (CC BY-SA 3.0)

5   이미지 출처: Benespit, "Hyundai Nexo", 위키백과, https://ko.wikipedia.
    org/wiki/%ED%98%84%EB%8C%80_%EB%84%A5%EC%8F%98#/
    media/%ED%8C%8C%EC%9D%BC:0_Hyundai_Nexo.jpg (CC BY-SA 4.0)

6   이미지 출처: Vision 2030, https://www.vision2030.gov.sa/contact/

7   이미지 출처: "Saudi Vision 2030: Vision 2030 Overview", Vision 2030, https://
    www.vision2030.gov.sa/v2030/overview/

8   "Corruption Perceptions Index 2017", Transparency International, https://
    www.transparency.org/en/cpi/2017 (CC BY-ND 4.0)

9   "Corruption Perceptions Index 2022", Transparency International, https://
    www.transparency.org/en/cpi/2022 (CC BY-ND 4.0)

10 "아람코, 2022년 사상 최대 연간 실적 달성", 아람코 코리아, 2023년 3월 12일, https://
    korea.aramco.com/ko-kr/news-media/news/2023/aramco-announces-full-
    year-2022-results

11 송상현. "사우디아람코의 기업공개 배경과 전망." GCC Issue Paper 28, 0 (2019): 4.

12 이미지 출처: Eagleamn, "Saudi Aramco's core area which includes the head
    quarters and office buildings in Dhahran city.", Wikipedia, https://en.wikipedia.
    org/wiki/Saudi_Aramco#/media/File:AramcoCoreArea.jpg (Public Domain)

13 이미지 출처: FlyAkwa, "View of Talgo 350 for SRO Haramain High Speed Rail",
    Wikipedia, https://en.wikipedia.org/wiki/Haramain_High_Speed_Railway#/
    media/File:Talgo_350_SRO.jpg (CC BY-SA 4.0)

14 정혜선. "사우디아라비아, 중동 영화 산업의 메카를 꿈꾸다." GCC Issue Paper 38, 0
    (2022): 25.

15 정혜선, 7.

16 송상현. "사우디아라비아의 스포츠산업 육성." GCC Issue Paper no.229 (2022): 1.

17 이미지 출처: LIV Golf Group of Companies "Logo of LIV Golf", Wikipedia,
    https://en.wikipedia.org/wiki/LIV_Golf#/media/File:LIV_golf_logo.svg (Public
    Domain)

18 Knight Frank Research, "The Wealth Report 2023", Knight Frank, https://
    content.knightfrank.com/resources/knightfrank.com/wealthreport/the-
    wealth-report---apr-2023.pdf

19 Resonance Consultancy, "Resonance Consultancy Reveals The 2023 World's
    Best Cities", PR Newswire, November 09, 2022, https://www.prnewswire.

com/ae/news-releases/resonance-consultancy-reveals-the-2023-worlds-best-cities-301672876.html

20 이미지 출처: "Burj Khalifa", Wikipedia, https://en.wikipedia.org/wiki/Burj_Khalifa#/media/File:Burj_Khalifa.jpg (CC BY-SA 3.0)

21 두바이는 UAE의 한 지역으로 별도 GDP 집계는 거의 이루어지지 않고 있다. UAE의 경우 4만 5,000달러 수준이며, 이 중에서도 아부다비와 두바이 지역이 유독 높고, 다른 5개 지역들이 유독 낮기 때문에 두바이의 GDP는 5만 달러 이상으로 추산된다.

22 Dubai Statistics Center, "Gross Domestic Product at Constant Prices For 2020 – Emirate of Dubai", Government of Dubai, https://www.dsc.gov.ae/Report/Gross%20Domestic%20Product%20at%20Constant%20Prices%202020%20-%20Emirate%20of%20Dubai%202020%20v2.pdf

231 이미지 출처: "Dubai by SPOT-5 Satellite", Wikipedia, https://en.wikipedia.org/wiki/Palm_Jumeirah#/media/File:Dubai_SPOT_1255_(cropped).jpg (CC BY-SA 3.0)

24 Dubai Statistic Center, "Population Clock", Government of Dubai, https://www.dsc.gov.ae/en-us/EServices/Pages/Population-Clock.aspx

25 Natasha Turak, "Dubai continues to benefit from crisis and the Russia-Ukraine war, Damac chair says", CNBC, January 17, 2023, https://www.cnbc.com/2023/01/17/dubai-benefits-from-crisis-and-the-russia-ukraine-war-damac-chair.html

26 홍성민, "모라토리엄 이후 포스트 두바이", 대외경제정책연구원, 2010년 12월 1일, https://www.kiep.go.kr/aif/issueDetail.es?brdctsNo=113398&mid=a30200000000&search_option=&search_keyword=&search_year=&search_month=&search_tagkeyword=&systemcode=05&search_region=&search_area=&currentPage=141&pageCnt=10

27 이미지 출처: Dubai World "Dubai World logo", Wikipedia, https://en.wikipedia.org/wiki/Dubai_World#/media/File:Dubai_World_company_logo.svg (Public Domain)

28 이미지 출처: "Flag of Oman", Wikipedia, https://en.wikipedia.org/wiki/Oman (Public Domain)

| 2장 | 무함마드 빈 살만, 그는 누구인가?

1 이미지 출처: "Flag of Diriyah", Wikipedia, https://en.wikipedia.org/wiki/Emirate _of_Diriyah#/media/File:Flag_of_the_Emirate_of_Riyadh_(1902-1913).svg (CC BY-SA 3.0)

2 이미지 출처: Ameen Mohammad, "Borders of the Emirate of Nejd by 1850", Wikipedia, https://en.wikipedia.org/wiki/Emirate_of_Nejd#/media/ File:Second_Saudi_State_Big.pngpek160114_273 (CC BY-SA 3.0)

3 이미지 출처: Saudi National Museum "Ibn Saud", Wikipedia, https://en. wikipedia.org/wiki/File:Ibn_Saud.pngpek160114_273 (Public Domain)

4 이미지 출처: "Official portrait of King Saud IV of Saudi Arabia", Wikipedia, https://en.wikipedia.org/wiki/Saud_of_Saudi_Arabia#/media/File:Saud_IV_of_ Saudi_Arabia_portrait.jpg (Public Domain)

5 이미지 출처: Saudi Press Agency, "Portrait of King Faisal bin Abdulaziz", Wikipedia, https://en.wikipedia.org/wiki/Faisal_of_Saudi_Arabia#/media/ File:King_Faisal_bin_Abdulaziz.jpg (Public Domain)

6 이미지 출처: Cherie A. Thurlby, "Secretary of Defense Robert M. Gates, left, attends a meeting with King Abdullah bin Abdul al-Saud at the king's hunting lodge in Saudi Arabia to discuss current issues in the Middle East Jan. 17, 2007.", Wikipedia, https://en.wikipedia.org/wiki/Abdullah_of_Saudi_Arabia#/ media/File:King_Abdullah_bin_Abdul_al-Saud_January_2007.jpg (Public Domain)

7 이미지 출처: Kremlin.ru, "A Photograph of Mohammed bin Salman taken in Russia", Wikipedia, https://en.wikipedia.org/wiki/Mohammed_bin_Salman#/ media/File:Mohammad_bin_Salman_October_2019_(cropped).jpg (CC BY 4.0)

8 이미지 출처: The White House from Washington, DC, "Salman, US President Donald Trump, and Egyptian President Abdel Fattah el-Sisi touching a glowing globe at the 2017 Riyadh summit.", Wikipedia, https://en.wikipedia. org/wiki/Salman_of_Saudi_Arabia#/media/File:Abdel_Fattah_el-Sisi,_King_ Salman_of_Saudi_Arabia,_Melania_Trump,_and_Donald_Trump,_May_2017. jpg (Public Domain)

9 Justin Huggler, "Saudi Arabia 'destabilising Arab world', German intelligence warns", The Telegraph, December 02, 2015, https://www.telegraph.co.uk/

news/worldnews/middleeast/saudiarabia/12029546/Saudi-Arabia-destabilising-Arab-world-German-intelligence-warns.html

10 이미지 출처: Hamit erik, "Al Waleed bin Talal 2015", Wikipedia, https://en.wikipedia.org/wiki/Al_Waleed_bin_Talal_Al_Saud#/media/File:Al_Waleed_bin_Talal_2015.jpg (CC BY-SA 3.0)

11 "Corruption Perceptions Index 2019", Transparency International, https://www.transparency.org/en/cpi/2019 (CC BY-ND 4.0)

12 "The Work Factbook: Gini Index coefficient – distribution of family income", CIA https://www.cia.gov/the-world-factbook/field/gini-index-coefficient-distribution-of-family-income

13 이미지 출처: "Saudi soldiers fighting their way into the Qaboo Underground beneath the Grand Mosque of Mecca, 1979", Wikipedia https://commons.wikimedia.org/wiki/File:Saudi_soldiers,_Mecca,_1979.JPG (Public Domain)

14 이미지 출처: U.S. Department of State from United States, "Interior Minister of Saudi Arabia, Prince Mohammed bin Naif bin Abdulaziz at the U.S. Department of State in Washington, D.C., January 16, 2013.", Wikipedia https://en.wikipedia.org/wiki/Muhammad_bin_Nayef#/media/File:Prince_Mohammed_bin_Naif_bin_Abdulaziz_2013-01-16.jpg (Public Domain)

15 현 명칭은 Constellis로 개칭

16 이미지 출처: Coolcaesar, "Interior Minister of Saudi Arabia, Prince Mohammed bin Naif bin Abdulaziz at the U.S. Department of State in Washington, D.C., January 16, 2013.", Wikipedia, https://en.wikipedia.org/wiki/SoftBank_Vision_Fund#/media/File:One_Circle_Star_Way.jpg (CC BY-SA 4.0)

17 이미지 출처: "A portrait of Atatürk from the 1930s.", Wikipedia, https://en.wikipedia.org/wiki/Mustafa_Kemal_Atat%C3%BCrk#/media/File:Ataturk1930s.jpg (Public Domain)

18 Shane harris, Greg miller and Josh Dawsey, "CIA concludes Saudi crown prince ordered Jamal Khashoggi's assassination", The Washington Post, November 16, 2018 https://www.washingtonpost.com/world/national-security/cia-concludes-saudi-crown-prince-ordered-jamal-khashoggis-assassination/2018/11/16/98c89fe6-e9b2-11e8-a939-9469f1166f9d_story.html

19 이미지 출처: Alfagih at Arabic Wikipedia, "Khashoggi in Saudi Arabia in 2011", Wikipedia, https://en.wikipedia.org/wiki/Jamal_Khashoggi#/media/

File:JamalKahshoggi.pngpek160114_273 (GFDL)

| 3장 | 네옴시티, 구체적인 계획을 열어 본다면

1   이미지 출처: TUBS, "Map of Saudi Arabia with Tabuk highlighted", Wikipedia,
    https://en.wikipedia.org/wiki/Tabuk_Province#/media/File:Tabuk_in_Saudi_
    Arabia.svg (CC BY-SA 3.0)

2   이미지 출처: Sauod18, "Skyline of Tabuk", Wikipedia, https://en.wikipedia.org/
    wiki/Tabuk,_Saudi_Arabia#/media/File:%D9%85%D9%86%D8%B8%D8%B1_%
    D8%B9%D8%A7%D9%85_%D9%85%D8%AF%D9%8A%D9%86%D8%A9_%D8
    %AA%D8%A8%D9%88%D9%83_%D9%8A%D8%B8%D9%87%D8%B1_%D9%8
    1%D9%8A%D9%87_%D8%A7%D9%84%D9%85%D8%AD%D9%83%D9%85%
    D8%A9_%D9%88%D8%A8%D8%B1%D8%AC_%D8%A7%D9%84%D8%AE%D8
    %B2%D8%A7%D9%86_2014-06-18_14-51.jpg (CC BY-SA 3.0)

3   이미지 출처: "Hejaz Railway map", Wikipedia, https://en.wikipedia.org/wiki/
    Hejaz_railway#/media/File:Ferrocarril_del_hiyaz_EN.PNG (Public Domain)

4   이미지 출처: Howard Terpning, "Theatrical poster for the film Lawrence of
    Arabia (1963)", Wikipedia https://en.wikipedia.org/wiki/Lawrence_of_Arabia_
    (film)#/media/File:Lawrence_of_arabia_ver3_xxlg.jpg (Public Domain)

5   이미지 출처: "Peace-making is the harder but higher path," said King Abdullah
    II of Jordan addressing the European Parliament in Strasbourg today."
    Wikipedia https://en.wikipedia.org/wiki/Abdullah_II_of_Jordan#/media/
    File:King_Abdullah_II_(cropped).jpg (CC BY-SA 2.0)

6   이미지 출처: "Neom Leadership", NEOM, https://www.neom.com/en-us/
    about/leadership

7   이미지 출처: "Neom Leadership", NEOM, https://www.neom.com/en-us/
    about/leadership

8   이미지 출처: "Neom Leadership", NEOM, https://www.neom.com/en-us/
    about/leadership

9   이미지 출처: "Neom Leadership", NEOM, https://www.neom.com/en-us/
    about/leadership

10 이미지 출처: "THE LINE: Meet the Placemakers", NEOM, https://www.neom.

com/en-us/regions/theline

11 이미지 출처: "THE LINE: Meet the Placemakers", NEOM, https://www.neom. com/en-us/regions/theline

12 이미지 출처: Mundo Gráfico, "Fotografía del urbanista español Arturo Soria publicada en 1914 para ilustrar un artículo sobre el personaje", Wikipedia, https://en.wikipedia.org/wiki/Arturo_Soria_y_Mata#/media/File:Arturo_Soria. pngpek160114_273 (Public Domain)

13 이미지 출처: "THE LINE: Meet the Placemakers", NEOM, https://www.neom. com/en-us/regions/theline

14 이미지 출처: "THE LINE: Meet the Placemakers", NEOM, https://www.neom. com/en-us/regions/theline

15 이미지 출처: "THE LINE: Meet the Placemakers", NEOM, https://www.neom. com/en-us/regions/theline

16 이미지 출처: "THE LINE: Meet the Placemakers", NEOM, https://www.neom. com/en-us/regions/theline

17 이미지 출처: "Oxagon: A Bluprint for advanced and clean industries", NEOM, https://www.neom.com/en-us/regions/oxagon

18 이미지 출처: "Oxagon: A Bluprint for advanced and clean industries", NEOM, https://www.neom.com/en-us/regions/oxagon

19 이미지 출처: "Oxagon: A Bluprint for advanced and clean industries", NEOM, https://www.neom.com/en-us/regions/oxagon

20 이미지 출처: "Oxagon: A Bluprint for advanced and clean industries", NEOM, https://www.neom.com/en-us/regions/oxagon

21 이미지 출처: "NEOM NAMES FIRST PARTNER HOTEL BRANDS WITH ENNIS-MORE", NEOM, January 2, 2023, https://www.neom.com/en-us/newsroom/ gallery

22 이미지 출처: "TROJENA: The mountains of NEOM", NEOM, https://www. neom.com/en-us/regions/trojena

23 이미지 출처: Frank Seiplax, "Ski Dubai slope from inside Mall of Emirates", Wikipedia, https://en.wikipedia.org/wiki/Ski_Dubai#/media/File:SkiDubai7176. JPG (CC BY-SA 3.0)

24 이미지 출처: "TROJENA: The mountains of NEOM", NEOM, https://www. neom.com/en-us/regions/trojena

25 이미지 출처: "TROJENA: The mountains of NEOM", NEOM, https://www.neom.com/en-us/regions/trojena

26 이미지 출처: "SINDALAH: A luxury island destination in the Red Sea", NEOM, https://www.neom.com/en-us/regions/sindalah

27 이미지 출처: "SINDALAH: A luxury island destination in the Red Sea", NEOM, https://www.neom.com/en-us/regions/sindalah

28 이미지 출처: "SINDALAH: A luxury island destination in the Red Sea", NEOM, https://www.neom.com/en-us/regions/sindalah

29 이미지 출처: "Neom Logo Tours The World on Saudia Aircraft", NEOM, September 11, 2022, https://www.neom.com/en-us/newsroom/neom-saudia-tour

| 4장 | 네옴시티는 대박인가, 신기루인가?

1 이미지 출처: "Masdar City", Foster+Partners, https://www.fosterandpartners.com/projects/masdar-city

2 이미지 출처: "THE LINE: Meet the Placemakers", NEOM, https://www.neom.com/en-us/regions/theline

3 이미지 출처: "THE LINE: Meet the Placemakers", NEOM, https://www.neom.com/en-us/regions/theline

4 이미지 출처: President.gov.ua., "Mohammed bin Rashid Al Maktoum", Wikipedia, https://en.wikipedia.org/wiki/Mohammed_bin_Rashid_Al_Maktoum#/media/File:Mohammed_bin_Rashid_Al_Maktoum_(15-02-2021).jpg (CC BY-SA 4.0

5 이미지 출처: "WHY INVEST IN NEOM", NEOM, https://www.neom.com/en-us/invest/invest-in-neom

6 이미지 출처: 0aali0, "Bismayah New City under construction.", Wikipedia, https://en.wikipedia.org/wiki/Bismayah_New_City#/media/File:Bimayah_construction.jpg (CC BY-SA 4.0)

7 이미지 출처: Omarnizar05 "Jeddah Tower surrounded by the infrastructures such as trees", Wikipedia, https://en.wikipedia.org/wiki/Jeddah_Tower#/media/File:Jeddah_Tower_(King_Salman_Tower)_as_of_May_2021.jpg (CC BY-SA 4.0)

8 이미지 출처: April Brady, "Jamal Khashoggi in March 2018", Wikipedia, https://en.wikipedia.org/wiki/Jamal_Khashoggi#/media/File:Jamal_Khashoggi_in_March_2018_(cropped).jpg (CC BY-SA 2.0)

9 이미지 출처: Imam Khairul Annas, "Kitab al-Tawhid (Book on Monotheism)", Wikipedia, https://en.wikipedia.org/wiki/Muhammad_ibn_Abd_al-Wahhab#/media/File:Kitabut_Tauhid_Imam_Khairul_Annas.JPG (CC BY SA 3.0)

| 5장 | 네옴시티는 한국에 기회가 될까

1 심성미, "들썩이는 '네옴시티 테마주' 투자주의보", 한국경제신문, 2022년 11월 14일, https://www.hankyung.com/finance/article/2022111480251

2 빈 살만 왕세자의 형제로, 무함마드 빈 살만과는 다른 인물이다.

3 이미지 출처: Mrcosch, "Waterfront King Abdullah Economic City", Wikipedia, https://en.wikipedia.org/wiki/King_Abdullah_Economic_City#/media/File:Waterfront_King_Abdullah_Economic_City.jpg (CC BY-SA 4.0)

4 "수출입무역통계", 관세청, https://unipass.customs.go.kr/ets/index.do?menuId=ETS_MNU_00000176

5 이미지 출처: Riverview Homes, Inc. "Roof shingled and siding installed", Wikipedia, https://en.wikipedia.org/wiki/Modular_building#/media/File:Roof_is_shingled_and_siding_installed.jpg (CC BY-SA 3.0)

6 이미지 출처: "NEOM LAUNCHES INFRASTRUCTURE WORK FOR THE WORLD'S LEADING COGNITIVE CITIES IN AN AGREEMENT WITH STC", NEOM, January 2, 2023, https://www.neom.com/en-us/newsroom/gallery

7 이미지 출처: "CHANGING THE FUTURE OF TECHNOLOGY & DIGITAL", NEOM, https://www.neom.com/en-us/our-business/sectors/technology-and-digital

8 디지털 트윈이란 현실에 존재하는 건물, 생물 등을 그대로 사이버 공간에 재현하는 기술을 의미한다.

9 이미지 출처: "팀 네이버, 사우디아라비아 자치행정주택부 · 투자부와 MOU… 국가 디지털 전환에 첨단 기술로 협력", NAVER, https://www.navercorp.com/promotion/pressReleasesView/31215

10 이미지 출처: "CHANGING THE FUTURE OF ENERGY", NEOM, https://www.

neom.com/en-us/our-business/sectors/energy

11 이미지 출처: "NEOM'S ENOWA TO BOOST EXTREME E WITH GREEN HYDRO-GEN POWER", NEOM, January 2, 2023, https://www.neom.com/en-us/newsroom/gallery

12 이미지 출처: "CHANGING THE FUTURE OF WATER", NEOM, https://www.neom.com/en-us/our-business/sectors/water

13 이미지 출처: "NEOM ADOPTS PIONEERING SOLAR DOME TECHNOLOGY FOR SUSTAINABLE DESALINATION PROJECT", NEOM, January 2, 2023, https://www.neom.com/en-us/newsroom/gallery

14 이현경. "해수담수화." KISTEP 기술동향브리프 no.7 (2021): 19.

15 이미지 출처: "THE FUTURE OF MOBILITY", NEOM, https://www.neom.com/en-us/our-business/sectors/mobility

16 이미지 출처: "NEOM AND VOLOCOPTER: FIRST ELECTRIC AIR TAXI FLIGHT IN SAUDI ARABIA", NEOM, June 21, 2023, https://www.neom.com/en-us/newsroom/neom-volocopter-evtol

17 이미지 출처: "THE FUTURE OF HEALTH", NEOM, https://www.neom.com/en-us/our-business/sectors/health-wellbeing-and-biotech

18 이미지 출처: "베스핀글로벌 중동아프리카 법인, 아부다비 확장·이전 아부다비 최초 클라우드 운영 센터 및 교육 아카데미 설립", 베스핀글로벌, 2022년 6월 30일, https://www.bespinglobal.com/2022-06-30/

19 이미지 출처: Public Investment Fund, "Logo of the Public Investment Fund, the sovereign wealth fund of Saudi Arabia", Wikipedia, https://en.wikipedia.org/wiki/Public_Investment_Fund#/media/File:Public_Investment_Fund_(Saudi_Arabia)_logo.svg (CC BY-SA 4.0)

| 6장 | 네옴시티를 둘러싼 복잡한 외교 방정식

1 이미지 출처: Allice Hunter, "Map of the Arab people around the world.", Wikipedia, https://en.wikipedia.org/wiki/Arabs#/media/File:Map_of_the_Arab_Diaspora_in_the_World.svg (CC BY-SA 4.0)

2 이미지 출처: Duma.gov.ru, "2022 Ebrahim Raisi", Wikipedia, https://en.wikipedia.org/wiki/Ebrahim_Raisi#/media/File:2022_Ebrahim_Raisi.jpg (CC

BY-SA 4.0)

3   이미지 출처: Xi Knight-Own work Vector Version created from Muslim Brother
    hood Logo "Current emblem of the Muslim Brotherhood", Wikipedia,
    https://en.wikipedia.org/wiki/Muslim_Brotherhood#/media/File:Muslim_
    Brotherhood_Emblem.svg (Public Domain)

4   이미지 출처: Ali ZIfan, "Yemeni Civil War", Wikipedia, https://en.wikipedia.org/
    wiki/Yemeni_civil_war_(2014%E2%80%93present)#/media/File:Yemeni_Civil_
    War.svg (CC BY-SA 4.0)

5   이미지 출처: William Henry Irvine Shakespear "Abdulaziz Ibn Saud, the founding
    father and first king of Saudi Arabia", Wikipedia, https://en.wikipedia.org/wiki/
    Saudi_Arabia#/media/File:Ibn_Saud_(kuwait_1910).jpg (Public Domain)

6   이미지 출처: "Map indicating GCC members", Wikipedia, https://en.wikipedia.
    org/wiki/Gulf_Cooperation_Council#/media/File:Gulf_Cooperation_Council.
    svg (CC BY-SA 4.0)

7   이미지 출처: Skv282, "Expo 2020 logo at Dubai International Airport", Wikipedia,
    https://en.wikipedia.org/wiki/Expo_2020#/media/File:Dubai_Expo.jpg (CC
    BY-SA 4.0)

8   이미지 출처: "Qatar World Cup: Argentina Beats Mexico 2-0", Tasnim
    News Agency, November 27, 2022, https://www.tasnimnews.com/en/media/
    2022/11/27/2812741/qatar-world-cup-argentina-beats-mexico-2-0 (CC BY-
    SA 4.0)

참고
문헌

- 김한수, 김보영. 이슬람금융의 현황과 시사점. 자본시장연구원, 2012.
- 데이비드 프롬킨. 현대 중동의 탄생. 이순호 옮김. 갈라파고스. 2015.
- 주원준, 윤성덕, 김종도, 임병필, 박현도, 정상률. 법으로 보는 이슬람과 중동. 모시는사람들. 2016.
- 임성수, 손원호. 중동을 보면 미래 경제가 보인다. 시그마북스, 2022.
- 이희수. 인류 본사. 휴머니스트, 2022.
- 벤 허버드. 무함마드 빈 살만. 박인식 옮김. 메디치미디어. 2023.
- 브래들리 호프, 저스틴 섹. 빈 살만의 두 얼굴. 박광호 옮김. 오픈하우스. 2023.
- 김소은. "욕망의 도시 아부다비와 두바이의 명과 암." 국토연구, 398 (2014): 84-90
- 인남식. "사우디아라비아 · 이란 단교를 둘러싼 종파분쟁의 격화." IFANS FOCUS(국문) 2016, 1 (2016): 1-3.
- 양의석, 신보람, 김아름, 김비아. "사우디의 비전-2030(Vision 2030)과 산유국 석유 감산활동 주도 방향." 세계 에너지시장 인사이트, 18, 8. (2018): 3-17.
- 외교부. "2022 사우디아라비아 개황." 외교간행물(2022): 1-188.
- 외교부, 한국국제교류재단. "지구촌 한류현황 1." 외교간행물(2022): 17-187.
- 외교부, 한국국제교류재단. "지구촌 한류현황 2." 외교간행물(2022): 8-181.
- 김종원. "사우디아라비아의 산업 구조와 제조업 육성정책." GCC Issue Paper 5, 0 (2013): 36-39.

- 송상현. "사우디아람코의 기업공개 배경과 전망." GCC Issue Paper 28, 0 (2019): 7-10.
- 남옥정. "무함마드 빈 살만의 공포정치와 리더십의 한계." GCC Issue Paper 31, 0 (2020): 7-8.
- 송상현. "세계 석유 시장의 큰 별 아흐마드 자키 야마니의 사망과 그가 남긴 유산." GCC Issue Paper 34, 0 (2021): 34-37.
- 정진한. "GCC, 본격적인 철도 수송 시대의 도래." GCC Issue Paper 37, 221 (2021): 20-23.
- 정혜선. "사우디아라비아, 중동 영화 산업의 메카를 꿈꾸다." GCC Issue Paper 38, 0 (2022): 25-28.
- 정재욱. "사우디아라비아의 여성 경제참여 확대 정책의 경제적 효과" 한국중동학회논총 43, 3 (2023) : 83-120.
- 인남식. "최근 사우디아라비아 대미 관계의 흐름: 바이든 대통령과 빈살만 왕세자의 관계를 중심으로."
- 주요국제문제분석(국립외교원 외교안보연구소). 2022, 29 (2022): 1-36.
- 장문준. "네옴 한 눈에: 투자자가 알아두면 좋을 세 가지." KB증권. 2022.
- 허선재. "SK COMPANY Analysis." SK securities. 2023.
- 양일우. "친환경 모듈러 공법의 활용 확대 예상." 삼성증권. 2023.
- 김선민, 박영희, 김지연, 김미향. "사우디아라비아 출장 결과보고." 건강보험심사평가원 국제협력지원단, 2013.
- 장지향. "[글로벌포커스] 카타르와 무슬림 형제단." 매일경제. 2022년 12월 6일 수정, 2023년 7월 6일 접속, https://www.mk.co.kr/news/contributors/10558337.
- 국민대학교. "저탄소 선도형 디지털 담수화 기술개발 사업." 한국환경산업기술원, 2022년 8월 1일 https://www.keiti.re.kr/site/keiti/ex/board/View.do?cbIdx=318&bcIdx=34912
- 홍성민. "세계 무역과 금융의 허브로 재도약하는 두바이." 대외경제정책연구원. 2013년 10월 16일. https://csf.kiep.go.kr/aif/issueDetail.es?brdctsNo=124979&mid=a30200000000&search_option=&search_keyword=&search_year=&search_month=&search_tagkeyword=%EC%9B%90%EC%9C%A0&systemcode=05&search_region=&search_area=&currentPage=4&pageCnt=10

- 금상문. "사우디 정치권력 구조를 통해 본 현 사우디 정치 갈등 상황의 배경 및 평가." 대외경제정책연구원, 2011년 3월 31일. https://www.kiep.go.kr/board.es?mid=a10 509043800&bid=0034&list_no=6095&act=view

- 손성현. "'사우디 비전 2030'의 주요 내용과 시사점." 대외경제정책연구원. 2016년 6월 1일. https://www.kiep.go.kr/gallery.es?mid=a10102020000&bid=0003&act=v iew&list_no=3320

- EMERiCs. "사우디아라비아, 수니파 성직자들에 대한 사형 구형 논의." 대외경제정책연구원. 2018년 10월 14일. https://www.kiep.go.kr/aif/issueDetail.es?brdctsNo =253107&mid=a30200000000&search_option=&search_keyword=&search_ year=&search_month=&search_tagkeyword=&systemcode=05&search_ region=&search_area=2&currentPage=41&pageCnt=10

- 김현종. "[전문가오피니언] 모하메드 빈 살만 집권 이후 사우디아라비아의 변화: 여성 지위 · 정부 시스템 · 법령 부문." 대외경제정책연구원 EMERiCs. 2023년 3월 27일. https://www.kiep.go.kr/aif/issueDetail.es?brdctsNo=344675&mid= a10200000000&search_option=&search_keyword=&search_year=&search_ month=&search_tagkeyword=%EA%B0%9C%ED%98%81&systemcode=05&sea rch_region=&search_area=&currentPage=1&pageCnt=10

- EMERiCs. "[월간정세변화] 사우디아라비아와 이란의 관계 정상화, 중동의 해빙 무드." 대외경제정책연구소 EMERiCs. 2023년 4월 28일. https://www.emerics. org:446/issueDetail.es?brdctsNo=346296&mid=a10200000000&sear ch_ option=ALL&search_keyword=%ED%95%B4%EB%B9%99%20%EB% AC%B4%EB%93%9C&search_year=&search_month=&search_tagkeyword=&sy stemcode=05&search_region=&search_area=&currentPage=1&pageCnt=10

- 윤서희. "사우디아라비아 국가신용도 평가리포트." 한국수출입은행 해외경제연구소. 2020년 10월. https://keri.koreaexim.go.kr/oe/HPHFOE030M01

- Peter Ward. "금단의 고통: 사우디아라비아의 Vision 2030." 아산정책연구원. 2017년 11월 6일. https://www.asaninst.org/contents/%EA%B8%88%EB%8B%A8%EC% 9D%98-%EA%B3%A0%ED%86%B5-%EC%82%AC%EC%9A%B0%EB%94%94% EC%95%84%EB%9D%BC%EB%B9%84%EC%95%84%EC%9D%98vision-2030/

- 송상현. "GCC Report biweekly: 사우디아라비아의 스포츠산업 육성." GCC 국

가연구소. 2022년 2월 24일. http://gcc.dankook.ac.kr/bbs/board.php?bo_
table=m04_02&wr_id=263

- 이현경. "[KISTEP 기술동향브리프] 해수담수화 (2021-07)." 한국과학기술기획평가
원 2021년 5월 26일. https://www.kistep.re.kr/board.es?mid=a10306010000&bid
=0031&act=view&list_no=42053

- "담수화 시장." 연구개발특구진흥재단, 2017년 11월 17일. https://www.innopolis.
or.kr/board/view?linkId=43931&menuId=MENU00999

- 윤세건. "對GCC 의료서비스 시장 동향 및 진출 시사점." 한국무역협회. 2019년 11
월 28일. https://www.kita.net/cmmrcInfo/rsrchReprt/ovseaMrktReprt/
ovseaMrktReprtDetail.do?pageIndex=1&no=7970&classification=6%20
&type=1&query=GCC%20%EC%9D%98%EB%A3%8C%EC%84%9C%EB%B
9%84%EC%8A%A4%20%EC%8B%9C%EC%9E%A5%20%EB%8F%99%ED%9-
6%A5%20%EB%B0%8F

- 주사우디아라비아 대사관. "사우디 경제동향(2019.10)." 주사우디아라비아 대사
관. 2019년 11월 27일. https://www.mofa.go.kr/sa-ko/brd/m_11065/view.
do?seq=1345595&srchFr=2019-01-01&srchTo=2019-
12-31&srchWord=&srchTp=0&multi_itm_
seq=0&itm_seq_1=0&itm_seq_2=0&company_
cd=&company_nm=

- 인남식. "사우디아라비아 · 이란 관계 정상화의 함의." 외교안보연구소. 2023년 3
월 15일. https://www.ifans.go.kr/knda/ifans/kor/act/ActivityAreaView.
do?sn=14171&boardSe=pbl

- 외교부 국제경제국 경제기구과. "[국제경제동향] 이슬람 금융관련 보고서." 외교부. 2008
년 5월 22일. https://www.mofa.go.kr/www/brd/m_4049/view.do?seq=312847

- "Assessing the Saudi Government's Role in the Killing of Jamal Khashoggi."
Office of the Director of National Intelligence. February 25, 2021. https://
www.dni.gov/index.php/newsroom/reports-publications/reports-
publications-2021/item/2186-assessing-the-saudi-government-s-role-in-
the-killing-of-jamal-khashoggi

- Yana Gorokhovskaia, Adrian Shahbaz and Amy Slipowitz. "Freedom in the

World 2023: Marking 50 Years in the Struggle for Democracy." Freedom House. March 2023. https://freedomhouse.org/report/freedom-world/2023/marking-50-years

• Joseph A. Kéchichian. "Saudi Arabia in 2030: The Emergence of a New Leadership." Asan Report(Asan Institute for Policy Studies). August 20, 2019. https://en.asaninst.org/contents/saudi-arabia-in-2030-the-emergence-of-a-new-leadership/

네옴시티

1판 1쇄 인쇄 2023년 7월 13일
1판 1쇄 발행 2023년 7월 19일

지은이 유태양

발행인 양원석
책임편집 신성종
영업마케팅 양정길, 윤송, 김지현, 정다은, 박윤하, 김예인

펴낸 곳 ㈜알에이치코리아
주소 서울시 금천구 가산디지털2로 53, 20층 (가산동, 한라시그마밸리)
편집문의 02-6443-8856   **도서문의** 02-6443-8800
홈페이지 http://rhk.co.kr
등록 2004년 1월 15일 제2-3726호

ISBN 978-89-255-7619-0 (03320)